SHODENSHA
SHINSHO

日米対等

――トランプで変わる日本の国防・外交・経済

藤井厳喜

祥伝社新書

まえがき

本書はアメリカで二〇一七年一月二〇日に誕生したドナルド・トランプ政権が、そもそもいかなる政権であり、どのような政策を実行しようとしているのかを予測するものである。

トランプ大統領は、アメリカの国力を大きく復活させるだろう。経済的にも軍事的にも、アメリカは再び強い国になる。

しかしそれは一九五〇年代から六〇年代の圧倒的で絶対的な覇権国の復活ではなく、相対的な超大国アメリカの復活ということになるだろう。

トランプの政治戦略の基本は、まず強いアメリカ経済を作り、その経済力を以《もっ》て、軍事的にも超大国を再生しようとするものだ。トランプが敵と見定めるのは、第1に

IS（イスラム国）であり、第2にはチャイナである。

そしてトランプは意外にも、対外軍事介入には消極的であり、バランス・オブ・パワーを基本に、世界の秩序維持を考えている。彼はIS壊滅の目的を達すれば、それ以上の中東イスラム世界への軍事介入は行なわないだろう。

トランプは、ロシアとの協力の下《もと》にISを叩こうとしている。当面、プーチン・ロシアはアメリカの友好国である。親露反中こそトランプ外交の基本路線である。

IS壊滅の後に、トランプが目的とするのは、チャイナの覇権国化の阻止《そし》である。習近平《しゅうきんぺい》はアメリカを凌駕《りょうが》する覇権国化を、その国家目標にしているからだ。

第一に、台湾独立問題も関係して、南シナ海と東シナ海を舞台にする米中の軍事衝突は、もはや不可避であろう。本格的な戦争はなくとも、フォークランド紛争程度の軍事衝突は考えておいたほうがよい。

第二に、米中衝突が起きる可能性があるのは、朝鮮半島である。

いずれの場合も、日本は当事者たらざるを得ない。アメリカとしっかりとした同盟関係を築き、この紛争を勝ち抜く以外に日本の未来はない。今こそ、日本国民の真の覚悟が問われているのだ。

なお、本書の記述は、二〇一七年一月十日までに入手した情報に基づいている。選挙戦中も就任後もトランプ大統領には常に暗殺の危険がつきまとう。そして、トランプの保守革命は必ず日本にも自立と再生のチャンスを与える。そう信ずるがゆえに、彼の保守革命の成就を祈りつつ、本書のまえがきの筆を擱《お》く。

平成二十九年一月十日

藤井厳喜《ふじいげんき》

目次

目　次

第二章　外交は大丈夫か～情報を持たない日本がとるべき道

第三章　これがトランプ政権だ

目次

序章

対米自立のチャンスがやってきた

「はした金はいらない」――年俸一ドルの大統領

超大国アメリカの大統領が世界を移動する際に使用するジェット機が、エアフォース1である。

エアフォース1とは空軍一号機という意味で、米軍最高司令官である大統領の専用機になっている。このジェット機はボーイング747を基本にしているが、アメリカが攻撃された場合には移動司令室の機能を果たす「空飛ぶ要塞《ようさい》」でもある。機内には手術室まであり、空中給油もできる。

ちなみに、アメリカの大統領はマリーン1というヘリコプターも持っている。こちらは海兵隊一号機のことで、ホワイトハウスから国内各地に移動するときに、大統領が乗る専用機である。

今のエアフォース1は、ロナルド・レーガン大統領のときから使われているもので、すっかり老朽化してしまった。このため、連邦政府はバラク・オバマ政権時に新しい機体をボーイング社に発注していたが、ドナルド・トランプ大統領はこのオーダーをキャンセルした。なぜなら、一機を製造するのに四〇億ドル（約四五六〇億円）

もかかるからだ。

トランプは自家用ジェット機を持っており、「自家用機を使えば経費節減になる」と言っている。ただ、エアフォース1には、ミサイル防衛を指令する通信設備や機密漏洩《ろうえい》を防ぐ装置など、最新鋭のハイテク機器が装備されており、トランプの自家用機を使うにしても、多額の改修費用がかかることは避けられない。

アメリカ大統領の年俸は四〇万ドル（約四五六〇万円）だが、トランプはこの報酬も固辞《こじ》し、自分は一ドルだけもらうことにした。無償《むしょう》では、大統領職がボランティア活動になってしまうからだ。

こうして、トランプは年俸一ドルの大統領として、歴史に名を残すことになった。「もう金は腐るほど儲《もう》けたから、はした金など要《い》らない」というのがトランプの本音だろう。しかし、これから政府支出のムダや濫用に徹底的なメスを入れる以上、まず大統領自《みずか》らが身を正さなければならないという強烈なアピールは、アメリカ国民にきわめて好意的に受け止められたのである。

アメリカン・ドリームを見たい中産階級

二〇一七年一月二〇日、不動産王で大富豪のドナルド・トランプがアメリカの第四十五代大統領に就任した。政治経験のないビジネスマンがいきなり大統領になるのは、もちろんアメリカ建国以来、初めてのことだ。

トランプ政権は、本書の〔第三章〕に詳しく書いたような強力な布陣で、ロシアと組んでＩＳを壊滅させ、対テロ戦争を遂行《すいこう》していくだろう。また、ＮＡＴＯ（北大西洋条約機構）や東アジアの安全保障をゼロ・ベースで見直し、米軍の駐留経費の負担を大幅に増やすよう同盟国に対して強く求めてくる。

財政赤字に苦しむ連邦政府の支出にメスを入れると同時に、トランプ政権は大規模な財政出動を断行することになるだろう。アメリカ全土のインフラ再整備を行なうのだ。それに加えて大減税と大軍拡も実施するので、トランプの経済政策であるトランプノミクスは、ロナルド・レーガン大統領の経済政策であるレーガノミクス以上の好景気をアメリカにもたらす事になるだろう。

小さな政府を志向する共和党のエスタブリッシュメント（既成の勢力）をいかに説

得するか、トランプのアート・オブ・ザ・ディール（交渉術）が問われることになる。

　バラク・オバマ政権が進めてきた多国間自由貿易主義から一転して保護貿易主義に大きく舵《かじ》を切り、トランプ政権はＴＰＰ（環太平洋経済連携協定）から離脱するだけでなく、ＮＡＦＴＡ（北米自由貿易協定）の再交渉にも取り組み、二国間交渉で自らに有利な条件を勝ち取ることを試みるはずだ。

　国内ではシェールオイルやシェールガスの開発に力を入れ、石油・天然ガスをアメリカの輸出産業に育て上げ、国内投資も活発化するので、アメリカはしばらくの間、好景気に沸《わ》くことになろう。「世界一儲かる市場はやはりアメリカだ」ということが再認識されるわけだ。ただ、レーガノミクスがドル高で失速したこともあり、必ず引き起こされるドル高にどう対処するかが今後の大きな課題となる。

　自由貿易主義に立脚するウォールストリート、なかでも多国籍企業・無国籍企業は当然ながらトランプの政策を快《こころよ》く思わない。ウォールストリートからあまり反発を買うと歴代大統領の過去の事例からして暗殺される危険性も増すこととなり、ここでもトランプの手腕が問われることになる。

自分の命を危険に曝《さら》してまでして、トランプはいったい、大統領になって何をしようとしているのか。

トランプの考えていること、それを一言で言えば、ずばりアメリカの復活であり、アメリカン・ドリームの再生である。

アメリカン・ドリームとは、マイケル・ジャクソンやトランプ自身のように、成り上がって巨万の富と名声を得ることだけを表わした言葉ではない。アメリカの黄金時代だった一九五〇年代のアメリカン・ドリームとは、高卒で特殊技能のない者でも仕事があり、まじめに働けば庭つき一戸建てのマイホームを手に入れられ、豊かな生活ができるということだった。ところが、アメリカそのものの夢はとっくの昔に、幻《まぼろし》と化してしまったのである。

そのアメリカン・ドリームをもう一度実現したいという草の根保守の人たち、中産階級や勤労者階級の人たちがトランプを大統領に押し上げたのであり、その人たちの夢を託《たく》されて、トランプは大統領になったのである。

アメリカという国は、常に未来志向で大きなビジョンを掲《かか》げる国であり、場合によっては能天気と言えるほどのオプティミズム（楽観主義）の国でもある。大きなビジョンを打ち出さないと、アメリカの政治は動かないのだ。

トランプ政権の誕生で、アメリカは大きく変わる。しかも、すごく速いスピードで、激しく変わるので、日本も頭を切り換えて対応していかないととても付いていけない。しょせんオバマ政権の延長だろうなどという程度の認識でいると、対応を間違えることになる。この点をしっかりと強調しておきたい。

小児病から脱脚する好機到来

トランプ政権の誕生は、日本にとってピンチであると同時に、チャンスでもある。トランプ政権誕生によって、日本が対米自立するチャンスがようやく巡《めぐ》ってきたのである。

ヒラリー・クリントンが大統領になっていたら、これまで通り対米従属の関係が続いていただろう。しかし、トランプは「日本がしっかりしないのなら、関係を清算するぞ」と、その対日姿勢を明確に示している。

アメリカは厳しい財政事情にあるため、これまでのように過剰《かじょう》な防衛負担はもうできないと言っているのだ。だから、NATOにしても東アジアの安全保障にしても、同盟国が自ら負担して防衛力を高め、力の真空を作らないようにしなければならない。

これを機《き》に、日本はアメリカに対し、次のような理屈で協力を求めるべきである。

「東アジアは、今後も経済的に大いに発展していく地域である。たとえチャイナの経済が失速しても、インドやインドネシア、ベトナムなどがこれから発展を遂《と》げていくので、アメリカにとって将来のマーケットであり、絶好の投資先にもなるはずだ。

ところが、チャイナが南シナ海や東シナ海で勢力を拡大させ、北朝鮮が核武装を進めている。戦争や政治的な混乱が起きたりしては、経済の発展はありえない。だとすれば、アメリカには引き続き、東アジアの安全保障に尽力してもらわなければならない。これはアメリカの国益になる。

日米が協力して東アジアの安全を確保しよう。そのために日本は積極的な役割を果たすから、アメリカは日本の足《た》らざるところを補《おぎな》ってほしい」

このように日本が提案すれば、トランプ政権は一〇〇パーセントOKである。「ぜひ一緒にやろう」ということになるはずだ。

アメリカに対して提案する日本の役割強化策は何か。まずは、日本の防衛費を今の約二倍の対GDP（国内総生産）比二パーセントまで引き上げることだ。そして、アメリカの防衛産業からハイテク兵器を購入するのである。そうすれば、日米はまさにウィン・ウィンの関係となる。アメリカ国民もトランプ大統領も、対日貿易赤字が減り、大喜びだ。

太平洋戦争がアメリカの謀略によって始められたことは今や歴史的事実だが、その謀略に引っかかって開戦して敗北した以上、日本が戦後七〇年もの長きにわたって国際社会で一人前扱いされないままで来たことは、ある意味で仕方がないことだった。

しかし近年、北朝鮮による日本人拉致事件を例に出すまでもなく、「自国の国民も守れないような国でどうする」という思いが、日本国民の間に広く共有されるようになってきた。

「憲法九条の改正は絶対イヤだ」「自分の国を自分で守るのもまっぴらだ」「でも、対米従属もイヤだ」とダダをこねている日本人は、ある種の小児病である。「一人前になりたくない（ピーターパン）症候群」で、「絶対にオトナになりたくない。ずっと未成年のままでいたい」と言っているようなものである。

そういう日本人もまだ残ってはいるが、もう一度ひとり立ちしようという気運も高まっている。

今こそ、日本は対米自立すべきときだ。そのチャンスがトランプ大統領と共にやってきたのである。

イギリスやフランス並みの「普通の国」になって、アメリカにもチャイナにも、他の国にも堂々とものが言える力を備《そな》えるべきである。

第一章

新時代の日本の国防〜アメリカの保育器から解放される時

ピンチをチャンスに変えよ

「アーミテージ・レポート」というのがある。

これは、ブッシュ・ジュニア政権で国務副長官を務《つと》めたリチャード・アーミテージや、ビル・クリントン政権で国防次官補だったジョセフ・ナイらを中心としたアメリカの外交・安全保障研究グループが作成した報告書で、これまで過去三回出されている。

二〇一二年八月に公表された第三次アーミテージ・レポートには、「日本への提言」として九項目が挙げられている。

これに応じた形で、安倍晋三《あべしんぞう》政権は集団的自衛権の行使や特定秘密保護法の制定、原発再稼働などを断行してきた。これらの政策を見る限り、日本はアメリカに従属していると言われても否定できないのである。

ところが、二〇〇〇年に公表された第一次アーミテージ・レポートを見ると、まったく様相《ようそう》が異なっている。この報告書では、アメリカは日本に対して応分の役割分担を求めるが、その代わりに日本をイギリス並みの同盟国として扱う、と書かれている。

アメリカはイギリスと戦って独立を勝ち取った国家であるが、長い歴史を通じてイギリスに対してはもっとも尊敬する同盟国として高い待遇を与えている。そのイギリス並みに扱うというのだから、日本にとってこれ以上の処遇があるだろうか。

このレポートを書いたひとりが「ここまで高く処遇して、日本が『イエス』と言わなかったら、アメリカはどうしていいかわからない」と私に言ったほどの厚遇だったが、日本政府は結局、アメリカからのオファーを無視したのである。

その後、アーミテージ・レポートは第二次、第三次と出されたが、日本が外交、防衛上の応分の役割を担《にな》わないなら指示に従えと言わんばかりに、「あれをやれ」「これをやれ」と日本を見下したような記述が目立ち、回を重ねるに従《したが》って植民地主義的な内容が色濃くなってきたのだ。

そういう経緯を頭に入れて考えると、日本の採《と》るべき道は自《おの》ずと定まってくるのではないだろうか。

今回のトランプ政権誕生を機に、アメリカの言う通りにする従属関係に終止符を打ったらどうかと、私は思う。ピンチを一気にチャンスに変えるのである。

それはけっして難しいことではない。日本側からアメリカに提案したらよいのだ。

たとえば、こういう提案はどうだろう。

「そろそろ、在日米軍を半分ぐらいに減らしたらどうか。現在四万五〇〇〇人いる兵員を二万人まで減らし、将来は一万人を切るところまで持っていかれたらいかがだろうか。とくに沖縄の基地や兵員を中心に減らしてほしい。

その提案の裏づけとして、日本はアメリカ側と相談した上で防衛力を強化し、防衛費を対GDP比二パーセントに倍増する。新たに装備するハイテク兵器はアメリカから積極的に購入するので、協力してほしい」

この内容であれば、おそらくアメリカは提案を飲むにちがいない。そうすれば、沖縄県民の怒りも少しは治まるだろう。

こうした大胆な提案ができるのは、おそらく安倍首相だけだ。官邸サイドで強力なチームを作って内容を練《ね》り上げ、安倍イニシアティブでトランプ政権に提案したらよい。それが政治家のリーダーシップというものである。

そうしないとこれまで同様に、「どうしたらいいでしょうか」とアメリカ側にお伺《うかが》いを立て、いちいち指示を受けながら政治をするという、植民地のような情けない状態から抜け出すことはできないだろう。

在日米軍は撤退しない

トランプは選挙期間中、何度か日本や韓国に駐留している米軍の撤退について言及したが、結論から言うと撤退はない、というのが私の見立てだ。

なぜなら、在日米軍を撤退させるのではなくて、防衛費をもっと増やせ、というのがトランプの真意であるからだ。

トランプは、その著書『アート・オブ・ザ・ディール』（邦訳名『トランプ自伝　不動産王にビジネスを学ぶ』、筑摩書房）でトランプ流の交渉術について種明《たね》かしをしている。要するに「金を出さないと米軍を引き上げるぞ」と脅《おど》して日本の防衛費を増額させ、米軍駐留費の日本側負担も増やし、更にアメリカ製の兵器を売りつける、というのがトランプの本音だ。

その背景には、アメリカの厳しい財政事情がある。第二次世界大戦後、アメリカがもっとも力のある頃に作り上げたのがNATO体制であり、また日米安保体制であったが、今の財政事情ではもうそれらを維持できないことは明らかだ。

NATOでは、加盟国は対GDP比二パーセントの国防費を支出するという盟約がある。アメリカはGDPの三パーセント以上支出しているが、アメリカを除くと、二パーセント出している国は加盟国二八カ国中、イギリスやフランスなど四カ国に止《とど》まっている。

矛盾《むじゅん》はそれだけでなく、一例を挙げればそういう状況のなかにあって、アメリカと直接関係のないウクライナ問題のために、なぜアメリカが多額の資金を出さなければならないのか、その理由があいまいになっているのだ。だから、トランプ政権はもっとコスト・エフェクティブ（費用対効果のある）で合理的な国防政策を取る方向に舵を切ったというわけだ。

現在、日本の防衛費は対GDP比一パーセントにすぎず、NATOの水準の半分に止まっている。一九七〇年代からアメリカに安保フリーライド（ただ乗り）論で批判

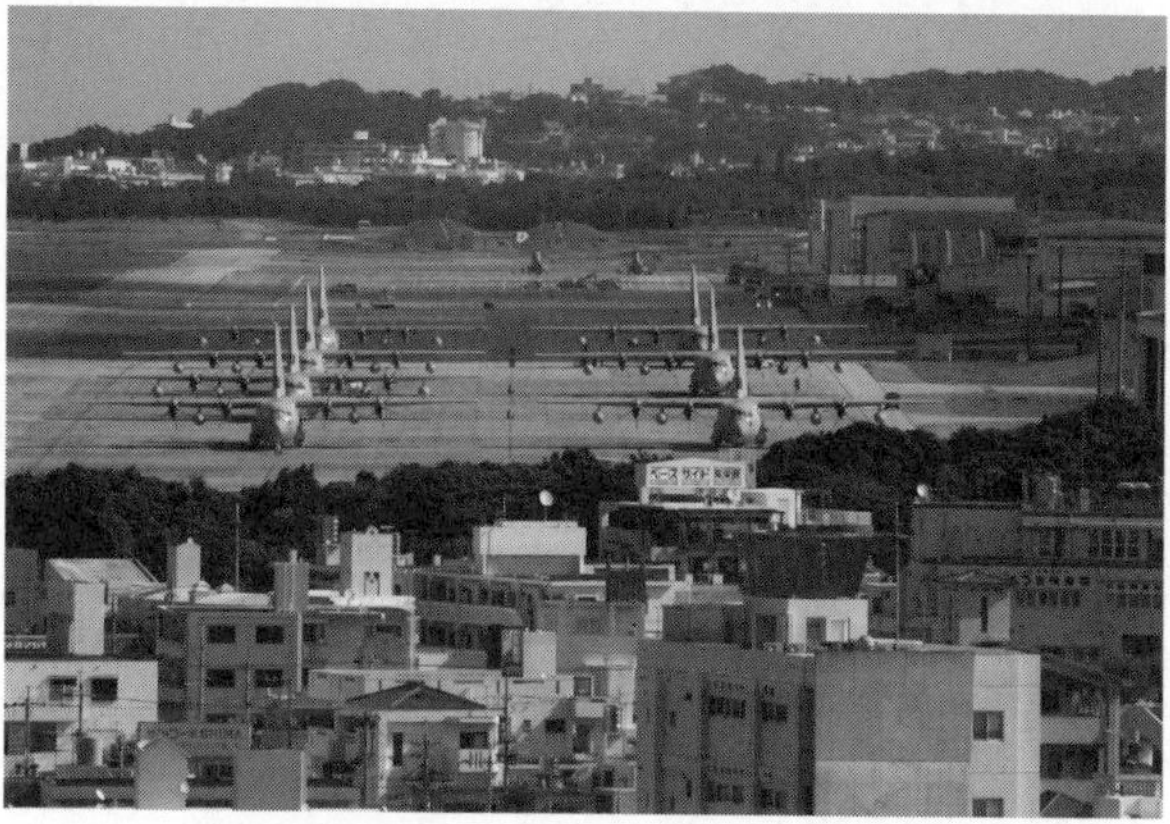

米海兵隊普天間飛行場（写真：Hiroyuki Ozawa／アフロ）

されてきたが、いまだに防衛費のレベルは変わらないままだ。

一方、かつて一〇万人規模だった在日米軍は今、四万五〇〇〇人にまで減っているが、アメリカの財政赤字のためにそれでも維持が苦しい段階に来ている。

そもそも在日米軍基地は、アメリカの世界戦略のために配置されたものだ。日本を守るためだけに置かれているのではない。ジャンピング・ボードとも呼ばれ、世界各地へ前方展開していく前進基地となっているというのが偽《いつわ》りのない真実だ。

日本に前進基地があるから、太平洋艦隊の指揮下にあるアメリカ第七艦隊は有事の際に、ただちに中東やインド洋に出撃することができる。また、日本でなら最先端のハイテク兵器に関しても修理に出すことができるため、アメリカにとっては他に代えがたい非常に重要な基地となっているのだ。

つまり米軍基地は、日本を守るためだけに置かれているわけではないが、基地があることで結果的に日本を守ることになっているのも事実なのである。なぜなら、どの国も世界最強のアメリカ軍と好きこのんで交戦したくはないからだ。米軍が駐留している日本には、チャイナやロシアでも手を出せないというわけだ。

日本はいわゆる「思いやり予算」で駐留経費など年間約二〇〇〇億円を支払っているが、アメリカ側の支出は年間八〇〇〇億円に上《のぼ》り、巨額の維持費に悲鳴を上げているのが実情だ。

だから、日本側の負担を増やすとともに、日本が防衛費を増やして自主防衛力を高めることが望まれている。そうすれば、アメリカ側の負担が減るからだ。

日本は自主防衛に舵を切って、防衛費を対GDP比二パーセントまで増やす。そして、次世代のハイテク兵器のリサーチ&ディベロップメント（研究開発）に資金を投入して国産あるいはアメリカの兵器産業と共同で兵器開発を進める。それと同時に、戦闘機やミサイル、航空母艦など最新鋭の兵器をアメリカから買う。

こういう方針を打ち出せば、トランプは大歓迎にちがいない。最新鋭のアメリカの兵器を買ってください、というのがトランプの本音の一つだからだ。

さらに、私が提案するのは、アメリカ製の通常弾頭の長距離弾道ミサイルを一〇〇〇基ほど購入して配備することだ。核弾頭でなくても、日本列島に長距離弾道ミサイルが一〇〇〇基ほどあれば、チャイナや北朝鮮に対する十分な抑止力になるからだ。

自衛隊は米軍の補助部隊である

国防とは、国民の生命と財産を守るだけではなく、その国の独立と独自の文化を守ることである。

ところが、悲しいかな、日本の自衛隊は日本国内に展開している米軍を守るために配備されているのである。この恐るべき真実に気づいている日本人は、どれほどいるだろうか。

私の友人で、元アメリカ陸軍大尉の飯柴智亮《いいしばともあき》氏は「自衛隊は米軍の補助部隊であり、日本を守るためにあるのではない」と、断言している。

自衛隊が米軍の補助部隊であることは、もちろん日米安保条約や日米ガイドラインなど公式の文書に書かれているわけではない。国民はもとより、政治家や官僚の多くも、その事実すら知らないだろう。

では、なぜそれが飯柴元大尉にわかるかというと、自衛隊の部隊編成を仔細に見れば、自ずと解明されてくるのである。

飯柴氏はその著『金の切れ目で日本から本当に米軍はいなくなる』(講談社＋α新書)で、次のように記している。

OB(ORDER OF BATTLE 部隊編成)を見れば一目瞭然ですが自衛隊は、極東地域に展開する米軍を守るために、作られています。

——えっ、泣いていいですか？ [インタヴューアーの声]

どうぞ。即ち、米空軍、嘉手納のF—15と三沢のF—16が敵国を攻撃しやすいように、日本上空と近くの制空を空自F―15，200機が担当しています。

――日本の防空……。

ではないです。嘉手納、岩国、厚木、横田、三沢の米軍飛行場を守るためです。

――では、その海自は？

米第7艦隊を守ります。最初に、出撃する航路の機雷からの海自掃海部隊が掃海《そうかい》をやります。

次に、海自対潜哨戒機は、第7艦隊の行く先に潜水艦がいないか、哨戒します。

海自イージス艦は、米空母を守ります。日本人の多くはイージス艦をMD用と認識しているようですが、あれは敵航空機から空母を守るシステムです。海自ヘリ空母は、空母の近くの対潜哨戒です。海自にはこの掃海艇、イージスシステム、対潜哨戒機、の比率がやたらと多い。これは第7艦隊の外堀以外の何物でもありません。


（飯柴前掲書104～5頁）

こう聞いても、それ程日本人はがっかりする必要はない。第七艦隊は海上自衛隊なしでは機能しないので、日本の自衛隊は結果的に米軍を守っていることになる。米軍を守るということはアメリカそのものを守ることだから、日本はアメリカに対し、それなりの発言権を持っているわけだ。アメリカが日本を守っているだけではない。日本もアメリカを守っているのだ。

ちなみに、機雷の掃海《そうかい》はきわめてデリケートな作業で、日本の掃海技術は世界一と言われている。大雑把《おおざっぱ》なアメリカ人には向かない仕事なのだ。だから、朝鮮戦争のときにはまだ自衛隊が設立されていなかったが、旧日本海軍の掃海のエキスパートたちが動員され、米海軍のサポートをしたいきさつがある。

そういう米軍の事情があるため、トランプ政権がいきなり在日米軍の撤退に着手することはないと思われるが、将来には原理的に十分ありうることだ。

だから将来的には、日本はすみやかに自主防衛力を高めて、日本の国土は日本人自身で守れるようにしなければならない。そのような段階になっても、米軍に駐留してもらってまったく構わない。前述したように、米軍基地が日本国内にあることが強力な安全保障であるからだ。

そして、アメリカが対外戦争でピンチになったときは日本が助ける。そうなったときに初めて、日米は本当の同盟関係になるのだ。

日米が本当に堅固《けんご》な同盟関係にあれば、アメリカが日本を見捨てることはない。軍隊は、実戦の経験があるほど、つまり戦えば戦うほど強くなる。その点、自衛隊は創設以来、一度も戦闘していないので、頼りないのは事実だ。米軍と自衛隊の戦力について、飯柴氏は「残念だが、メジャーリーグとリトルリーグぐらい実力が違う」と表現している。

自衛隊は精強ではあるが、今後実戦経験を積んで、強い軍隊にレベルアップしていかねばならない。

日本政府は二〇一二年から、自衛隊の施設部隊を南スーダンに派遣している。自衛隊はＰＫＯ（国連平和維持活動）に従事し、二〇一六年からは駆け付け警護などの新しい任務が付与された。駆け付け警護は、武装勢力にＮＧＯ（国際協力に携わる民間団体）スタッフや他国軍の兵士らが襲われた場合、武器をもって助けに行くことだ。

戦闘状態にある地域で活動することは、自衛隊にとって貴重な経験になる。しかし、自衛隊が現地に行って、現地の状況が少しでも良くなり、どうにかなるものではないことは素人《しろうと》の目にも明らかだ。そもそも、ほとんどの日本人は、南スーダンがどこにあるのかすらわかっていない。

とくに、南スーダンの場合は戦闘地域であるから、死者が出るかもしれない。だから、かの地は安全だなどと政府は嘘《うそ》をついてはいけない。戦闘状態で危ないから民間ボランティアではなく、自衛隊が行くのである。

そもそも、日本政府は自衛隊員の戦死という概念を認めていない。弔慰《ちょうい》金を六〇〇〇万円から九〇〇〇万円にアップするのはいいが、現地で死亡したら名誉の戦死とすべきである。そして殉職者の魂は靖国神社に合祀してもらいたい。

PKOに参加することについては一般論としては反対ではないが、やはり日本の国益と関係が深く、かつ成功の見込みがあるところに行くべきではないか。

日本が南スーダンに自衛隊を送った合理的な理由は、ただひとつである。チャイナがアフリカに進出し、ODA（政府開発援助）の名目でアフリカ諸国に金をばら撒《ま》いていることに対抗するためだ。アメリカもチャイナに対抗するために、初めてアフリカ軍を独立編成で立ち上げている。

しかし、今の日本には遠いアフリカの国々まで面倒をみる実力は残念ながらないと私は思う。それよりも、ベトナムや台湾、インドネシア、インドぐらいまでを対象として、政治的、経済的、軍事的、文化的な交流を深めたほうがずっと日本にとって意味があるのではないか。

メルトダウンする韓国

北朝鮮は着々と核武装を進めているが、このままいくと北朝鮮優位のうちに朝鮮半島が統一されるのではないかと、私は予測している。

というのも、韓国はまさに国家がメルトダウン（溶解）状態だからだ。

専門家はみな知っているが、朴槿恵《パククネ》大統領の辞任を求め、大統領府のある青瓦台《チョンワデ》周辺でデモを繰《く》り広げている大群衆の中枢でこれを扇動《せんどう》しているのは、実は北朝鮮の影響を受けた人たちなのだ。

朴槿恵は大統領就任時、「反日のために米中両大国をともに操《あやつ》る天才外交家」という売り出し文句で華々《はなばな》しく登場した。当初は、韓国国民もそうだと信じて疑わなかった。象使いのように米中二大国をうまく操って両国を反日に誘導し、韓国が漁夫《ぎよふ》の利《り》を得るという甘い計算に賭《か》けたわけだ。

しかし、米中新冷戦時代が到来したら、米中をうまく操るどころか、双方から恫喝《どうかつ》されて韓国が股裂《またさ》き状態になるのは必至だ。なぜ、そんな簡単な理屈が韓国国民にわからないのか、不可解なくらいだ。

韓国はアメリカの時代が終わったと見て、チャイナ・シフトを断行した。これからはチャイナ・マーケットの時代だということで、韓国の家電最大手であるサムスンは、チャイナの陝西省《せんせい》西安《シーアン》市郊外に世界最大のスマートフォン生産工場を作った。

二〇一五年九月、チャイナは天安門広場で対日戦勝七〇周年パレードを行なった。この時、朴槿恵は習近平とともに天安門上で軍事パレードを視察したが、隣りにいたのはロシア大統領のウラジーミル・プーチンとカザフスタン大統領のヌルスルタン・ナザルバエフであった。

この光景を見て、アメリカの東アジア専門家たちは「韓国はアメリカの同盟国をやめたのか」と仰天《ぎょうてん》したのである。

アメリカは韓国にTHAAD（終末高高度防衛、以下サード）ミサイルの配備を求めていたが、朴槿恵はチャイナからの圧力で回答を引き延ばしていた。

サード・ミサイルと一緒に配備されるXバンド・レーダーは超高性能で、簡易式のものでも一千キロ、本式の設備では四千キロ先まで見ることができる。つまり、韓国に配備すると、簡易式でも北京《ペキン》から満州まで、本式だと四川《しせん》省にある核施設まですべて見ることができるようになる。チャイナが強く反発するのは当然だ。

最後は韓国軍幹部が朴槿恵を説得してサード・ミサイル配備を了承させたが、国民による反対運動が激しく、まだ配備ができていない。アメリカにすれば、「この国はどうなっているのか」と呆《あき》れていることだろう。

戦時統帥《とうすい》権の問題を巡っても、韓国とアメリカの関係はおかしな事態になっている。

韓国と北朝鮮が交戦したとき、韓国軍は米軍の指揮下に入ることになっていたが、盧武鉉《ノムヒョン》大統領が「わが国の領土なのだから、戦時統帥権を韓国軍に与えるべきだ」とアメリカに求めた。つまり、交戦時には、米軍が韓国軍の指揮下に入る、ということだ。

盧武鉉はどうやら、米軍が拒否するものと思って、ダメ元で要求したらしい。ところが、意外なことに米軍からOKの返事が来たので、盧武鉉は慌《あわ》てふためいたようである。このときの交渉では準備に時間がかかるということで、五年後に戦時統帥権を移譲することになった。

五年後の大統領は李明博《イミョンバク》、大阪生まれの「明博《あきひろ》ちゃん」である。米軍は誇り高き軍隊なので、韓国軍の指揮下に入ることを嫌うに決まっている。にもかかわらず、統帥権の移譲を受け入れたということは、「アメリカは韓国から軍を引き上げるつもりではないか」と疑心暗鬼《ぎしんあんき》に陥《おちい》った李明博は、さらに五年延期を決めた。

その期限が来た二〇一五年、朴槿恵も「米軍が撤退したら困る」ということで、オバマ大統領と会見して話し合った。その結果、戦時統帥権の移行は無期延期になったのである。

米軍にしてみれば、「おまえらが返してくれと言うからOKしたのに、北に対して本気でやる気あるのか」という話だ。

そういう経緯があったために、在韓米軍は南北を分かつ三十八度線から後方に退《しりぞ》き、しかも特定の部隊が常駐するのではなく、ローテーションで駐留する体制に変更している。この変更によって、在韓米軍の戦闘力は明らかに弱まった。

朝鮮戦争では、米軍の戦死者が五万人を超えた。その犠牲の上に、今の韓国がある。もしアメリカが参戦しなかったら、韓国はまちがいなく滅亡していた。そういうことをわかっているはずなのに「何を考えているのか」とアメリカ側が疑念を抱くのももっともなことだと思う。そもそも日本の敗戦後、韓国という国を作ったのはアメリカであったのだ。

北朝鮮が半島を統一する

今の韓国人は、アイデンティティを失っている。

歴代の大統領が私利私欲に走っていることが、一番の証拠である。大統領の親族が、贈収賄などの不正を引き起こす事件が繰り返されてきた。このため、朴槿恵は親族を側近に登用しなかったが、結局、側近による不正が発覚して弾劾に追い込まれた。（本書執筆時点ではまだ大統領職にとどまっているが。）

こうなると、非常手段で国を救うのは、軍によるクーデターしかない。しかし、もはや政治の腐敗《ふはい》を一掃するため、クーデターを起こしてでも韓国を救おうという軍人はいない。韓国の今の軍幹部には、国家のために命を捨てる気概《きがい》は、もうないのである。また国民も、軍によるクーデターを受容するムードではない。

かつては反共反日が、韓国人のアイデンティティであった。このうちの反共については、北朝鮮とそのバックにいるチャイナやソ連が敵だったが、ソ連が崩壊し、チャイナは事実上の資本主義国になった。

金泳三《キムヨンサム》大統領の頃から、韓国の財閥は後足でアメリカに砂をかけてチャイナに接近するようになった。親北朝鮮の金大中《キムデジュン》と盧武鉉大統領時代には韓国軍がほとんど解体され、反共のイデオロギーはほぼ消失してしまった。

だから、現在の韓国人のアイデンティティは、残ったもうひとつの反日だけなのである。国民をまとめるには反日運動をやるしかなくなっているのだが、韓国の反日は北朝鮮に比べると非常に弱い。

太平洋戦争中、チャイナにあった亡命政府が日本と戦って独立を勝ち取ったというのが韓国の「神話」となっている。

確かに蔣介石《しょうかいせき》の下で光復《こうふく》軍というのが組織されたが、きわめて少数なうえに、戦闘訓練をしているうちに戦争が終わってしまったので、光復軍は日本軍とは戦っていない。しかし、まったく戦わずに棚ボタで独立したというのではお話にならないので、日本軍と戦って日本の残酷な植民地支配からの解放を勝ち取ったという嘘の歴史をでっち上げたわけだ。だから、反日のアイデンティティといっても、作り物であるだけに非常に弱いのである。

反日というなら、北朝鮮のほうが一貫している。建国の父である金日成《キムイルソン》主席以来、北朝鮮はずっと日本を敵視して民族主義を貫いてきた。初めはソ連の傀儡《かいらい》政権だったが、金日成は体制内のソ連派を粛清《しゆくせい》して権力を掌握し、独裁国家を作り上げた。国家体制がしっかりしているので、中国共産党の言うことも全部聞くわけではない。

北朝鮮は金日成時代からずっと、韓国に「高麗《こうらい》民主連邦を作って祖国を統一しよう」と呼びかけてきた。外交上は一体になるが、別々の体制を維持する一国二制度でいいからとりあえず民族統一を実現しよう、というわけだ。

これが実現したら北朝鮮が次に言ってくることは決まっている。

「あなたの国にはなぜ米軍がいるのか。わが北朝鮮は民族主義だから、外国の兵隊はひとりもいない。早く米軍を追い出しなさい」と言うに決まっているのだ。

韓国に米軍が駐留している理由は、韓国と北朝鮮が敵対して戦争をしたからだ。その両国がひとつになったら、米軍が駐留する理由はなくなってしまう。

民族統一というコリアン・ドリームに韓国人がしびれたら、北朝鮮の勝ちである。米軍は韓国から撤退することになるだろう。米軍が撤退したら、北朝鮮はもう恐いものはない。一国両制から本当の統一へと、北朝鮮主導で進むことだろう。

トランプ政権の時代にはそういう朝鮮半島の大きな変化も絵空事《えそらごと》ではなく、現実に起こりうるのだということを、私たちは考えておかなければならない。

朝鮮半島が北朝鮮優位の下で統一される場合、大量のボートピープルが日本列島に押し寄せてくる危険性が高い。韓国に近く一番豊かな国は日本であるから、多くの難民が日本に逃げてくるのは当然の成り行きだ。

ヨーロッパは、シリアなど中東からの難民が大量に流入して大混乱に陥っているが、あの光景は対岸の火事ではないのである。

実は、難民流入の兆《きざ》しはすでにある。福岡県や山口県では、韓国の釜山《プサン》と山口県下関《しものせき》を結ぶ関釜《かんぷ》フェリーに乗って日本に合法的に入国し、帰国せずにそのまま不法滞在して働いている韓国人が増えているという。

朝鮮半島からの難民流入は、実は朝鮮戦争のときにも起きていたと言われている。表にあまり出なかっただけで、山口県では難民たちが不法滞在する集落ができるなど、かなりの混乱が生じたようだ。

その際にどうやって問題が解決されたかというと、強制送還を強行したのである。日本政府は対応不能なので、占領軍である米軍が銃を手に難民たちを収容し、どんどん朝鮮半島に送還したのである。

朝鮮戦争で韓国軍が北朝鮮軍に押されて釜山あたりまで攻め込まれたときは、一番近い山口県に亡命政府を作らせてほしいという韓国政府からの要請があったようだ。GHQ（連合国軍最高司令官総司令部）最高司令官のダグラス・マッカーサーの率いる米軍が仁川《インチヨン》に上陸して反撃したので、亡命政府の話は立ち消えになったが、もし受け入れていたら、数十万人単位の韓国人難民が押し寄せてきたものと思われる。

朝鮮からの難民流入だけでなく、チャイナ国内で政変が起きた場合も、チャイナからのボートピープルが日本へと押し寄せてくる危険性がある。

だから、日本政府は危機管理の一環として、難民が押し寄せてきた場合にどう対処するかを今から検討しておかねばならない。

漂着した難民があちこちに散らばってしまったら、対応が難しくなるので、島根県の隠岐島《おきのしま》や長崎県の対馬《つしま》あたりに収容施設を作って、そこに入ってもらうのがベストだろう。あるいは、日本の支援によって済州島《チェジュド》あたりに収容施設を作るという手もあるだろう。

した。

アメリカの台湾戦略

トランプは大統領当選後の二〇一六年一二月二日、台湾の蔡英文《さいえいぶん》総統と電話で話をした。

この会談について、トランプはツイッターで「台湾の総統から大統領就任を祝う電話があった。五月に彼女も台湾の総統に就任したので、私からもおめでとうと言った」とつぶやいた。

当選祝いの挨拶《あいさつ》程度の会話だが、アメリカ（次期）大統領と台湾総統が会談したのは、一九七九年に両国が国交を断絶して以来のことである。

このツイートを批判されると、トランプはこう反論した。

「アメリカは数十億ドルの武器を台湾に売却しているのに、祝いの電話を受けるべきではないというのは、何とも興味深い指摘である」

民主国家台湾は強大な独裁国家チャイナと海を隔《へだ》てて対峙しており、依然として政治的には危機的な状況にある。だから、アメリカの防衛産業にとっては、非常に大事な得意先のひとつになっているのだ。

この会談についてチャイナ側は、王毅《おうき》外相が「台湾の小細工だ」と述べた程度で、いつもの居丈高《いたけだか》な非難は影を潜《ひそ》めている。チャイナは、閣僚の靖国《やすくに》神社参拝など日本の内政については居丈高に非難するが、強硬姿勢が予想されるトランプ政権誕生を前に、小声での非難に止めている模様だ。

トランプと蔡英文の電話会談実現にこぎつけた裏には、いくつかのルートがあったようだが、黒子《くろこ》として活躍したひとりが私も面識のあるスティーブン・イエーツである。大統領首席補佐官のラインス・プリーバスと非常に親しい関係にあり、そのルートで今回の会談のお膳立《ぜんだ》てをしたものと見られる。

イエーツは北京語がペラペラのチャイナの専門家で、「アメリカは台湾を重視すべきである」という立場で、台湾をたびたび訪問してきた。トランプが大統領に就任する前であれば外交問題になりにくいため、蔡英文総統がトランプに当選祝いの挨拶をするという形で会談を実現したのである。

イエーツが所属しているのが、ヘリテッジ財団だ。

ヘリテッジ財団とアメリカン・エンタープライズ研究所（以下、ＡＥＩ）、スタンフォード大学のフーバー研究所がアメリカの保守系シンクタンク御三家だが、なかでもトランプの政権移行チームで重要な役割を果たしたのがヘリテッジ財団だ。というのも、ここが一番、草の根保守的なシンクタンクであるからだ。AEIがビッグ・ビジネスの寄付で、フーバー研究所へは防衛産業の寄付が多いのに対し、ヘリテッジ財団は一口五〇ドル程度という小口の寄付金を集めて運営されている。

イエーツはブッシュ・ジュニア政権時代、謀略家として有名だったディック・チェイニー副大統領の事務所で、アジア政策の顧問《こもん》を務めていた人物だ。

顧問を辞めてから来日したとき、私はイエーツの通訳を務めたことがある。非公開のその会で、会場から「日本が核武装するとしたら、アメリカはどう対応するか」という質問が出た。日本の核武装についてアメリカにお伺いを立てるという前提に立つバカげた質問だったが、イエーツはこう答えている。

「日本は北朝鮮のような、ならず者国家ではないし、テロ支援国家でもないことはよく知っている。日本人がよく議論して、民主的なプロセスを踏んで核武装するという結論を出すならば、われわれが反対する理由はない」

つまり、日本の首相が「日本も核武装をする」と宣言し、公約に掲げて選挙に勝ち、国会で法律を通せば、アメリカも支持すると述べたわけだ。

話を台湾に戻そう。その後明らかになったのは、トランプ陣営がかなり以前から台湾との関係改善の働きかけを行なってきていたということだ。大統領当選後に、ただの思い付きで蔡英文と電話会談したわけではなかったのだ。

共和党の重鎮《じゅうちん》で元大統領候補でもあるボブ・ドール元上院議員も半年以上前から来《きた》るべきトランプ政権と台湾との関係改善に向けてお膳立てをしていたことが報道されている。また、首席補佐官のラインス・プリーバスも、二〇一五年秋に訪台して蔡英文に会っていたことがわかっている。

ワンチャイナの終焉《しゅうえん》

蔡英文が台湾の総統として、どうしてもやらねばならない仕事が国軍の整備である。

実は台湾の軍隊はもともと国軍ではない。チャイナの人民解放軍が共産党の私兵であるのと同様に、台湾の軍隊も実は蔣介石が率いた国民党の私兵であった。だから、かの国の軍隊は国民党を守る軍隊であって、台湾国民を守る軍隊ではない。

地味な仕事ではあるが、今の国民党軍を国家の軍隊に作りかえることが、蔡英文総統が政治生命をかけてやるべき仕事なのである。そして、国軍が整備されて初めて、台湾という国家が成立するのだ。

歴史的には、共産党との戦いに敗れた蔣介石が反攻する拠点として台湾を占拠し、世界最長の戒厳令《かいげんれい》を布《し》いたわけで、台湾人にとっては言葉の通じない外国軍に占拠され、支配されたことを意味する。その当時、台湾人はホーロー（台湾）語と日本語を話しており、北京語は話せなかった。

台湾では台湾人が人口全体の八五パーセントを占めているので、李登輝《りとうき》による民主化後は、簡単に政治権力を握れるように思うが、やはり国民党の利権にぶら下がっている台湾人も多く、国民党の力には大きなものがあった。国民党は世界一リッチな政党とも呼ばれ、その金力には侮《あなど》りがたいものがあったのだ。

台湾人による建国独立運動は本省人の李登輝の活躍に始まり、水面下でずっと続いてきたが、今になってようやく歴史の表舞台に躍り出たと言える。

単なる独立運動ではなく、建国独立運動と呼んでいるのは、台湾はいまだかつて建国というものを経験していないからだ。オランダやスペインの植民地になった後、清《しん》朝の支配下に置かれ、日本の統治時代になった。そして、戦後は国民党軍に占領されたのである。

台湾の民族解放闘争は民主化の戦いでもあるから、日本とアメリカは当然、蔡政権を応援すべきである。

また、ＧＨＱ最高司令官だったマッカーサーは「台湾は空母一〇隻分に値《あたい》する」と述べたが、南シナ海と東シナ海の結節点に当たる台湾は、地政学上きわめて重要な島である。台湾海峡は日本が輸入している石油の八割が通る生命線でもあり、日本と台湾は運命共同体だと言ってもよい。

中国共産党と国民党は「中国はひとつである」というワンチャイナ・ポリシーで一致しているが、トランプ政権はこのワンチャイナ・ポリシーを覆《くつがえ》し、台湾の独立を支援していくことを本気で考えているようだ。

おかしな話だが、台湾は中華民国という国名を変えないと、国連に加盟できない。というのも、「中華民国は内戦に敗れて滅びた」「蔣介石らはたまたま台湾に亡命しただけだ」という理屈で、中華民国がかつて持っていた国連の議席や安全保障理事会の常任理事国の椅子《いす》を中華人民共和国が踏襲するということで決着した経緯があるからだ。すでに滅びた中華民国はこの地上にはなく、国連に加盟できないので、台湾共和国とか台湾民主共和国とか新しい国名を付けて加盟する必要があるというわけなのだ。

トランプ政権は台湾が国名を変えれば、国連再加盟を認める意向のようだ。ロシアのプーチン大統領もトランプと蔡英文の電話会談を支持しており、台湾の独立はにわかに現実味を帯びてきた。

チャイナとアメリカはすでに米中新冷戦とでも言うべき状況に突入しているが、チャイナはアメリカの台湾接近が当然、面白くないにちがいない。

チャイナが南シナ海に建設した軍事基地を実際に発動させる、つまりアメリカ海軍の艦船が通るときに攻撃してきたら、新たな地域紛争が勃発《ぼっぱつ》することはまちがいない。

習近平は二〇一七年一〇月に共産党大会を控え、国内の権力掌握《しょうあく》に努めているところなので、党大会まではあまり表立った動きはしないだろう。しかし、権力を掌握して独裁体制が固まれば、侵略的な攻勢に出てきそうである。

沖縄の海兵隊は整理される

トランプ政権の国防長官に、後述するように海兵隊大将で「マッド・ドッグ（狂犬）」と異名を取るジェームズ・マティスが就任したことで、沖縄に駐留している海兵隊がこれから増強されるのか、あるいは逆に思い切った整理統合が行なわれるのかが、ひとつの焦点になって来る。

結論から言うと、トランプ政権は大胆な海兵隊の整理統合を行なうのではないかと私は考えている。これまでの動きから見ても、兵員を減らす一方で兵器を増強するという方針の下、戦闘力・抑止力を落とさないような形で海兵隊の再編が行なわれるのではないか、と私は見ている。海兵隊はグアムやフィリピンに移動するのではないだろうか。

さらに視点を長期に転じれば、アメリカでは無人飛行機や無人爆撃機だけでなく無人空母や無人潜水艦など無人兵器の開発が進んでいる、つまり兵員数が少なくとも戦闘力が増強される傾向にあるということだ。

米中軍事紛争が起きる場合、米軍では空軍と海軍が主役であり、陸軍や海兵隊の役割は大きくはないのだ。

日米安保体制を長期的に考えると、究極的には、米軍の有事駐留の可能性もあると思う。

有事駐留というのは、六〇年安保当時に旧民社党が主張した概念で、常に兵員を駐留するのでなく、有事のときにだけ米軍に駐留してもらうというものだ。そのために駐留できる基地や港、通信施設などを整えてはおくが、米軍は平時にはグアムやフィリピンなどの米軍基地に駐留することになる。

ただ、海兵隊や陸軍はそもそも地べたを這《は》いつくばり、多くの犠牲者を出しながら戦闘を行なってきているので、海軍や空軍のように戦略が抽象的ではない。だから、マティス国防長官も海兵隊の再編については、非常に慎重に采配《さいはい》を振るうと見られる。

ちなみに、マティスはプライドの塊《かたまり》のような軍人で、「海兵隊は世界最強の軍隊である」と主張して憚《はばか》らない。「海兵隊はアメリカ軍のなかでも最強の部隊として恐れられている」と豪語している。

なかでも、海兵隊員たちが誇りに思っているのが、太平洋戦争時に日本軍と死闘を繰り広げ、多数の犠牲者を出しながら勝利を勝ち取った硫黄島《いおうじま》の戦いである。

硫黄島の戦場で星条旗を掲げているあの有名な写真こそが、マリーン（海兵隊）のシンボルであり、海兵隊のプライドの源泉であることは、アメリカ人の誰もが否定しないだろう。

安倍首相が二〇一五年にアメリカの連邦議会上下両院合同会議で演説したとき、アメリカ人たちをもっとも感動させた話が硫黄島のくだりであった。このとき、硫黄島の日本軍を指揮した栗林《くりばやし》忠道《ただみち》中将の孫である衆議院議員の新藤義孝《しんどうよしたか》氏が、硫黄島の戦いに加わったローレンス・スノーデン退役海兵隊中将と握手した場面が、多くのアメリカ人の感動を誘ったのである。

アメリカ軍最強である海兵隊の勇猛果敢《ゆうもうかかん》さを物語るシンボルが硫黄島伝説であり、逆に言うと、アメリカ海兵隊と互角に戦った日本軍も、この伝説に登場する勇敢な敵としてアメリカ人から尊敬されているのである。

世界は流動化〜「逆トランプ効果」を考える

ヨーロッパでは、イギリスがEU（欧州連合）離脱を決め、シリアなど中東難民が大量に流入するなかで大混乱が起きている。そして各国で草の根保守が勢力を伸ばしているが、トランプの勝利は彼らを勢いづかせている。

そのなかで、ドイツのアンゲラ・メルケル政権は反トランプの姿勢を鮮明にしている。ドイツのマスコミや国民も「トランプはアメリカのヒトラーだ」と決めつけ、大騒ぎになっているのだ。

二〇一五年の大晦日に、ドイツに流入した難民がドイツ人女性を連続して強姦《ごうかん》する事件が起きて以来、難民の受け入れを推進してきたメルケル首相の人気が急落し、再選はないと言われるようになった。ところが、トランプが次期大統領に決まったために、「やっぱりメルケルがいい」と彼女の人気が回復し、キリスト教民主同盟から四回目の選挙に出馬することになった。

これは、「逆トランプ効果」と言える現象である。

すでにオバマ政権時代から、アメリカとドイツの関係は悪化している。とくにドイツ最大手のドイツ銀行が、アメリカ市場で破綻《はたん》すると知りながらサブプライムローンを売りまくった責任を問われ、アメリカの司法省から一四〇億ドル（約一兆四〇〇〇億円）の罰金を科《か》され、ドイツ銀行とアメリカ司法省との間で激しい値切り交渉が行なわれている。（最終的には四〇億ドルで決着した。）

サブプライムローン問題が一〇〇年に一度とされる二〇〇八年のリーマンショックを引き起こしたわけで、アメリカにしてみれば、ドイツ銀行に対して「アメリカの市場を荒らしやがって。とんでもない奴らだ。とっとと出て行きやがれ」というぐらいの憤《いきどお》りがあるのだ。

また、ドイツが世界に誇る自動車メーカーであるフォルクスワーゲンの排ガス不正事件を暴《あば》いたのも、アメリカだった。その不正を見つけた計測器が日本製だったために、ドイツでは、フォルクスワーゲンの摘発《てきはつ》はアメリカと日本の共同謀議による謀略だとまで言われている。とんでもない責任転嫁だ。

一方、イタリアではトランプ旋風の影響で、二〇一六年一二月に行なわれた国民投票で憲法改正が否定され、責任を取ってマッテオ・レンツィ首相が辞任した。

二〇一七年の早い時期に総選挙が行なわれ、ポピュリズム政党でEU離脱派の五つ星運動が勝利し、五つ星運動を中心とする連立内閣が誕生する見通しだ。

レンツィ首相は自らの再選を睨《にら》んで二〇一五年五月に新選挙法を導入し、総選挙で四〇パーセント以上を獲得した政党に下院議席の五四パーセントの議席が配分されるように改めた。皮肉なことに、この規定によって五つ星運動が政権を奪取する可能性が飛躍的に高まったのだ。（現在、この選挙法制正をくつがえそうという試みも行なわれている。）

ただ、五つ星運動の顔として国民的な人気コメディアンのベッペ・グリッロは代表でも国会議員でもなく、応援団長のような存在であり、五つ星運動にトランプのような強いリーダーがいないという問題があるのは、確かだ。

五つ星運動が政権を取った場合、ＥＵ離脱か残留かを決める国民投票を実施することを表明しており、イタリアもＥＵ離脱に向けて大きく踏み出すものと見られる。

二〇一七年四月から五月にかけてはフランスでも大統領選挙が行なわれ、場合によっては一気にＥＵ解体に至る可能性も出てきている。

トランプ政権の誕生によって、アメリカが安定を取り戻す一方で、ヨーロッパはさらに混乱を深めていくことになるだろう。

第二章

外交は大丈夫か～情報を持たない日本がとるべき道

無能を曝《さら》け出したメディア

ＴＯＫＹＯ・ＭＸテレビに「ニュース女子」という番組がある。

最近のニュースについて、吉木《よしき》りさら女子タレントや素人の女性四人が素朴な疑問を専門家に聞くというニュース・バラエティショーで、東京・中日新聞論説副主幹の長谷川幸洋《はせがわゆきひろ》さんとタレントで女医の西川史子《にしかわあやこ》さんが、司会をやっている。毎週月曜夜十時から一時間の放送で、私も国際政治経済の専門家として、二回に一回程度の頻度でこの番組に出演している。

二〇一六年一〇月末に放送された番組のテーマは、アメリカ大統領選挙であった。ちょうどトランプと民主党のヒラリー・クリントンの大統領候補ふたりが対決する二回目のテレビ討論会が、ミズーリ州セントルイスで開かれた直後の収録だった。

このときの討論会では、直前に明らかになったトランプの女性に関する猥褻《わいせつ》な会話について、ヒラリーが攻撃を仕掛けた。トランプは「更衣室でする類《たぐい》の話だ。家族とアメリカ国民に謝罪する」と述べたが、「大統領に不適格だ」として執拗《しつよう》に個人攻撃してくるヒラリーに対し、トランプは「自分は言葉だけだが、ビル・クリントン元大統領は、実際に猥褻な行為をしていた」と反撃した。

トランプは、クリントン大統領から猥褻行為を受けたと訴《うった》えている女性たちを会場に連れてきて最前列に座らせていた。ヒラリーは気丈に振る舞っていたが、実際には血の気を失い、卒倒寸前だったと思われる。

トランプは、ヒラリーが国務長官時代に私用メールを使っていた問題についても取り上げて批判し、「大統領になったら特別検察官を設けて捜査させる」「あなたは刑務所行きだ」とやり込めた。

私が見た限りではトランプの圧勝だったが、アメリカのマスコミも日本のマスコミも奇妙なことに「ヒラリー優勢」と報道し、トランプ人気は急落したと報道した。「ニュース女子」では、出演した評論家たちが自信ありげに「ヒラリーが選挙に勝つ」とコメントした。経済評論家の某氏は「セクハラ問題で女性票が離れ、トランプの芽はない」と自信満々で解説していた。

私だけがトランプ当選を主張し、「悪いけれど、皆さんの意見は全部、素人だ。必ずトランプが勝ちますから見ていてください」と宣言した。すると、司会の長谷川さんが「トランプが負けたらどうします」と言うので、「トランプが負けたら、坊主頭にするから。でも、トランプが勝ったら、一回ぐらい司会をやらせてよ」と私はこの賭けを受けて立ったのである。

長谷川さんは偉い人で、このときの番組でのやりとりを無視せず、トランプが勝利した後に約束通り、私に司会をやらせてくれた。

それで、私は、元NHKキャスターで国際ジャーナリストの木村太郎《きむらたろう》さんも呼び、ほとんどの専門家や評論家の予測が外《はず》れたのはなぜかをテーマに番組をやることを承諾した。

木村太郎さんは私同様、トランプが勝つと主張した数少ないジャーナリストのひとりである。アメリカ現地を取材すると、ヒラリーの集会では人が集まらないのに、トランプの集会は支援者が押し寄せてすごい熱気だったという。そうした現場取材を積み上げて、彼はトランプ勝利を予測したのだ。

私が司会をした回の「ニュース女子」は一〇月放送のときと同じメンバーが顔を揃え、番組の冒頭に長谷川が「みなさん、藤井さんに一礼してください」言って頭を下げた。私はバツが悪かった。

そして、当てた人はなぜ当てられたのか、外した人はなぜ外したのか、簡単な検証をやったのである。もちろん娯楽番組であるが、それなりの決着を付けたわけだ。要するに日本では、アメリカのメディアが報道している通りにコメントしていただけという実態が浮き彫りになったと思う。

今回のアメリカ大統領選では、名前のある専門家やジャーナリストのほとんどが予測を間違えた。また、アメリカの大メディアに頼った政治家や官僚、財界トップの多くも打ちそろって予測を間違えた。これは日本の政治にとって大ピンチで、憂《うれ》うべき状況である。なぜなら、アメリカの現実がまったく見えていなかったことを示しているからだ。

もうひとつの大問題は、日本のメディアの多くが、この惨憺《さんたん》たる結果についてレビュー・ミーティング（反省会）をしていないことだ。反省会をして検証していないということはすなわち、将来また同じ過ちを繰り返すことを意味する。

今からでも遅くない。なぜ、ほとんどの日本人が予測を間違えたのか。どうしてアメリカの現実が見えなかったのかについて、きちんと検証すべきである。

というのも、日本は過去に一度、アメリカの状況把握を間違えて、国を滅ぼしているからだ。そう、いわずと知れた日米戦争の開戦である。

二〇一六年の状況は、幸いなことに国が滅ぶほど深刻ではない。しかし今回、アメリカの現実があいかわらず見えていなかった点については、この七〇年余りもの間、われわれはいったい何をやっていたのかを厳しく自問自答《じもんじとう》しなければならない。日本のマスコミは深く反省すべきだと思う。私は外国の選挙の結果を当てたからといって自慢するつもりはまったくない。むしろ日本のマスコミのお寒い実態に、今さらながら、憂鬱《ゆううつ》な思いを深くした。

日本のメディアはなぜ見誤ったか

日本のメディアでも、木村太郎さんと同じように現地の集会を取材して、おかしいと思った記者がいたはずだ。

にもかかわらず、トランプ優勢の記事が出なかったのは、そういう記者が記事を送っても、東京のデスクに握り潰《つぶ》されたからにちがいない。デスクはおそらく「何言っているんだ。ニューヨーク・タイムズはヒラリー勝利と書いているぞ。保守派のウォール・ストリート・ジャーナルだって、トランプの可能性はないと書いているじゃないか」と記者を叱《しか》ったことだろう。

おそらく日本のMSM（メイン・ストリーム・メディア）では、トランプ優勢やトランプ支持という記事がすべて編集段階で統制され、表に出てこなかったのだと思う。

木村太郎さんは著名なジャーナリストだから、レギュラーのコメンテーターを務めるフジテレビの報道番組で、自分の取材した事実を伝えることができたのだ。しかし、「周囲からは変人扱いされたよ」と本人は苦笑いしていたが。

それにしても、デスクや論説委員らは、なぜ事実を見抜けなかったのだろうか。

結論から言うと、自分の色眼鏡で現実を見ているから読み違えてしまったのだ。色眼鏡を外して現実を見ることは、ジャーナリストにとっては「キホンのキ」のはずだが、そんな初歩的なことができていなかったということなのだろう。

私は日本の伝統をこよなく愛する保守主義者だが、それは価値観の問題であって、現実の世界がどうなっているかはまったく別の話である。思想信条や好き嫌いと関係なく、現実は否応なく動いていくので、私情を排して見極めなければならない。

たとえば、五年前のアメリカ大統領選挙であれば、私は大嫌いであるが、現実としてオバマ大統領の再選は間違いないと判断した。九年前の選挙でも、個人的には共和党のジョン・マケイン候補に勝ってほしかったが、オバマの大勝は明らかだった。

九年前に、アメリカ国民がオバマに大きな期待をかけていたのは、確かだ。オバマなら黒人やマイノリティ、貧しい人たちのために力を尽くしてくれる、中産階級の復活のためにも何か効果的な手を打ってくれるだろうと、多くの国民が思っていたのだ。しかし、結果的にオバマは何もやらなかった。

アメリカは非常に速いスピードで動く社会であり、オバマ政権の八年間でアメリカの有権者の意識は大きく変わった。その変質を見抜けなかったのは、ジャーナリストとしてそうとうに危《あや》ういことなのだ。

なぜ、そういうことが言えるのか。なぜ、変質を見抜けなかったのか。

結論から言うと、日本のメディアが、現実認識と希望的観測をごっちゃにしてきたからである。自分が信奉《しんぽう》してきた古いフレームワーク、つまり自分が掛けてきた色眼鏡でしか現実を見ていなかった。晴れの日の昼間なのに「きょうは暗い」と言っている人がいるので、顔を見たらその人はサングラスを掛けていたというような間抜けな話なのだ。

これまでそうだったように、アメリカのMSMの予測通りに現実も動くという、古いフレームワークから逃《のが》れられなかった。

しかし、インターネットによるメディア革命が起きている現在、フェーズは大きく変わっている。そのことを考慮に入れなかったから、アメリカの大衆がどう動いているかが、日本のジャーナリストたちはまったく摑《つか》めなかったのである。

これは笑い話ではなく、非常に深刻な事態である。

日本のメディアは、希望的観測を切り離して現実を認識するためにはどうすればいいかを、真剣に検討すべきだ。

日本は情報戦で負けた

日米戦争はアメリカの物量作戦に圧倒されたという言い方がよくされるが、その前に日本は情報戦で負けていた。

昭和一六年（一九四一年）、アメリカのフランクリン・ルーズベルト大統領は、イギリスのウィンストン・チャーチル首相やソ連共産党のヨシフ・スターリン書記長の求めに応じて、第二次世界大戦に参戦する腹を決めていた。

しかし、アメリカ国内では「アメリカ・ファースト」を唱《とな》えて参戦に反対する声が圧倒的に強く、その声を無視してヨーロッパに米軍を送るのは困難な状況だった。

そこで、ナチス・ドイツにいろいろな挑発《ちょうはつ》を仕掛けたが、アメリカとの戦争を避けたいナチス総統のアドルフ・ヒトラーは、なかなか挑発に乗って来ない。

困ったルーズベルトが考えたのが、日本を戦争に追い込んで、日米開戦を理由に日本と三国同盟を結んでいるドイツ・イタリアと戦うというシナリオであった。ルーズベルトは、日本に開戦させたかったのだ。詳しく知りたい読者は拙著『紛争輸出国アメリカの大罪』（祥伝社新書）を読んでいただきたい。

ところが日本は、ルーズベルトの謀略にはまって真珠湾攻撃を仕掛けたわけだから、飛んで火に入る夏の虫である。開戦した段階で、すでに情報戦で敗北していたのだ。ルーズベルトのアメリカが日本と戦争したがっていることがもしわかっていれば、日本側もわざわざ相手の謀略にはまるようなことは避けたにちがいない。この歴史から今の日本人は多くの教訓を学べるはずだ。

開戦から半年ほどにわたって、日本はアメリカの予想以上に戦闘力を発揮した。しかし、世界中が戦争をしているわけだから、どこにも和平を仲介してくれる国はない。だから、総力戦である以上、どちらかが白旗を上げるまで戦争を続けざるをえなかったのだ。

日清戦争・日露戦争は局地戦であると同時に、明確で限定的な戦略目標があって日本の国益のために戦った戦争だった。日清戦争は朝鮮を大清帝国の属国から解放してバッファーゾーン（緩衝《かんしょう》地帯）にし、清による日本への侵略を防ぐ目的があった。また、日露戦争はロシアが南下して朝鮮や旅順《りょじゅん》・大連《だいれん》などを奪い取る形勢になり、バッファーゾーンである朝鮮半島を守るために戦わざるをえない戦争だった。

ところが、大東亜戦争になると、一種の世界観戦争の様相を呈《てい》し、西欧の白人支配からアジアを解放するという壮大な目標が掲げられた。そんな目標を達成するためには何年かかるかわからないし、戦争を止《や》める大義もなくなってしまう。戦争は具体的な国益のために期間や地域を限定して行なうものであって、国を滅ぼさないために、どこで止めるかも考えて始めなければならないのだ。

日米開戦直前の昭和一六年秋の段階で、大日本帝国陸軍はチャイナ全土に展開し、ほとんど出払っていた。

当時、チャイナでは日本が立てた汪兆銘《おうちょうめい》政権と、陝西省延安《えんあん》にいた毛沢東《もうたくとう》の率いる共産党政権、それに蔣介石の国民党政権が三つ巴《どもえ》で泥沼の内戦を繰り広げていた。一九三六年の西安事件により国民と共産党は第二次国共合作を成し、一緒になって、抗日のスローガンの下で日本と戦うことになる。より強大な敵が日本に立ち向かってきたのである。一方、汪兆銘政権は、日本軍を自軍として使っていた。

あの広大なチャイナを制圧しようと考えていたわけだから、それだけでも無茶なことだが、そんなときに同時にアメリカとも戦争しようというのだ。無謀としか言いようがない。日本軍は大陸に展開していた陸軍を太平洋の島々に配置転換していったが、真珠湾攻撃の前にとてもアメリカと戦争できるような態勢になかったのだ。

アメリカの当時の粗鋼生産量は日本の十倍もあった。日本も鉄鋼を生産していたが、主な原料はアメリカから買い取ったクズ鉄であった。現在のように高炉を作り、鉄鉱石から生産するのではなく、電炉を使ってアメリカから輸入したクズ鉄のスクラップで鉄を作っていたのだ。石油も海外の英米圏からの輸入がほとんどだった。

だから、開戦の時点で勝負はすでに決しており、日本は負けるべくして負けたと言わざるをえない。そもそも日米戦はアメリカの謀略だったのだから、ルーズベルトは開戦した時点で「勝った」と思っただろう。謀略のレベルが一段、違っていたわけだ。

私は大東亜戦争（その一部が日米戦争）に道徳的反省は不要だと思うが、日本はその戦略的な失敗については深く反省しないといけない。そうしないと、靖国神社に眠る英霊は浮かばれないと思う。

敗戦後七〇年余り経ったが、日本はまだ敗戦国体制のままである。しかも、国家としては大日本帝国のほうがはるかに立派な国であった。当時の日本は強大な陸海軍があり、力のある外務省もあり、世界中で諜報活動を展開していた。それだけ強固な国家でも、こてんぱんに負けたのだから、日本人はそのことを肝《きも》に銘《めい》じておくべきだ。

レビュー・ミーティングが不可欠だ

もうひとつだけ、日本が情報戦で負けた典型的な例を挙げておこう。

日米戦争中、大日本帝国海軍は一九四二年に北太平洋のミッドウェー島沖でアメリカ軍と交戦した有名なミッドウェー海戦で、大敗を喫《きっ》した。この戦いで、日本の海軍は空母を四隻も失ったが、アメリカ側の空母は軽微《けいび》な損傷に止まり、一隻も撃沈することができなかった。

しかし、ミッドウェー海戦直後は、戦艦数などではまだ日本海軍がアメリカ海軍を上回っており、戦いようがあった。アメリカ海軍が戦力で日本海軍より優位に立つのは、一年余り後のことである。

戦闘を行なったら、勝っても負けてもレビュー・ミーティング、つまり検討会を開くのが軍隊の定石《じょうせき》である。負けたなら、「なぜ負けたのか」「どこがまずかったのか」「次回はどうすればよいか」「そのためにどういう準備をするか」などについて、敗因と今後の行動を徹底的に検証する。

ミッドウェー海戦の場合であれば、アメリカの艦隊が近づいていることを察知《さっち》できなかったため、陸上攻撃用から艦上攻撃用に爆弾を付け替えている最中に攻撃を受け、反撃できなかったことが主な敗因であった。

これについては、偵察《ていさつ》機を飛ばすときの索敵《さくてき》の角度がずれていて、敵を察知することができなかったことが主たる要因であると、後に明らかになっている。二段索敵と言って、必ず偵察機を二回飛ばして、周辺の敵の位置を察知するのだが、真珠湾攻撃の大勝で浮わついていたこともあったのだろう。二段索敵の角度がわずかにずれていたために、敵の艦隊を発見することができなかった。その凡ミスが、歴史的な大敗につながったわけだ。

だから、敗戦後のレビュー・ミーティングで「二段索敵の角度がずれたのはなぜか」「爆弾を付け替えず、陸上攻撃用の装備で敵を攻撃すればよかったのではないか」

といった検証を行ない、二度と同じ間違いを起こさないように備えるべきだった。

ところが、驚くべきことにミッドウェー海戦について、日本海軍は一度もレビュー・ミーティングを開かなかった。それどころか、敗戦について情報が漏《も》れないように箝口令《かんこうれい》を布き、生き残った艦隊の乗組員たちをバラバラにして相互に連絡が取れないように分散させてしまった。マスコミや国民にはもちろん、政府や陸軍幹部にも敗北の実態を報告しなかったのである。

国民に対してはショックを受けるのですぐに公表しなくてもいいかもしれないが、陸海軍の幹部は敗戦の現状だけでなく、敗因や今後の対応についても十二分に検討しておくべきであった。

こんなことで、戦争に勝てるわけがない。日本軍の官僚的体質が、日本の敗戦の遠因となったと言わざるをえない。最低でも、海軍内部でレビューを行ない、敗因分析をきっちりとしておくべきだった。

なぜ、海軍が総括しなかったかというと、責任問題が生じるからだ。真珠湾攻撃を勝利に導いて軍神とされた連合艦隊司令長官の山本五十六《やまもといそろく》元帥《げんすい》らを引責辞任させないために、ミッドウェーでの敗戦自体を隠蔽《いんぺい》したのである。

この隠蔽体質は、今でも日本の官僚組織や大企業に見られる。たとえば、不正会計が発覚した東芝の場合、病根を辿《たど》っていくと前の前のトップにまで遡《さかのぼ》る。つまり、不正を放置したまま、経営を引き継いできたのだ。自分を引き上げてくれた上司に責任が及ぶのを避けるために、東芝は隠蔽を続けたのだった。

日本の陸海軍でも、日清・日露戦争を戦った明治時代は、大東亜戦争時のような無責任体制ではなかった。当時は戦争に勝つことがすべてであったから、軍才のある軍人を抜擢《ばってき》し、スパイやゲリラ活動も含め、あらゆる智謀知略を駆使《くし》して戦った。ところが、昭和になるとすっかり官僚主義が蔓延《はびこ》り、軍部の官僚たちが業務をこなしていたのが大東亜戦争の真の姿である。これも、大きな敗因のひとつであった。

日本のマスメディアも、今ではすっかり官僚体質が板についている。トランプ勝利を見抜けなかったことについても完全無視である。主筆や論説委員長らの面子《メンツ》が丸潰れにならないように、「みんなが間違ったのだから仕方がなかった」という理屈でレビューもせず、失態を隠蔽しているのが実情なのだと思う。

外務省は解体的に出直せ

今回のトランプ勝利を見抜けなかったのは、メディアだけではない。外務省も財界も見抜けなかったのだから、そうとうに深刻な事態だ。私に言わせれば、「日本、大ピンチ！」である。

外務省内では元事務次官で国家安全保障局長兼内閣特別顧問の谷内正太郎《やちしょうたろう》と駐米大使の佐々江賢一郎《ささえけんいちろう》の派閥争いが激しく、情勢を冷静に分析するどころの話ではなかったようだ。

主流派の谷内は「ヒラリー勝利は確実」と言い続けていたので、佐々江は反発してトランプ陣営に接近したところもあったようだが、今回活躍していたのは首相補佐官で衆議院議員の河井克行《かわいかつゆき》である。

河井は年に二十回ほど渡米し、トランプ陣営の幹部とも顔をつないで来た。その一環で、二〇一六年十月には、トランプ政権の大統領補佐官になったマイケル・フリンを日本に呼んで菅義偉《すがよしひで》官房長官に引き合わせ、自民党本部でも講演してもらった。これによって首の皮一枚つながって、トランプ当選後にフリンのルートで安倍首相がい

外務省（写真：Rodrigo Reyes Marin／アフロ）

ち早く電話会談し、その後ニューヨークで直接会談する快挙となった。

　外務官僚は面子があるので、民間人に教えを請うことを厭《いと》う。そもそも、私に言わせれば、日本の外交官は本当の外交がどういうものであるかがわかっていない。

「外交は礼服を着た戦闘」という言葉があるぐらいで、外交官はインテリジェンス・オフィサー（諜報官僚）でなければならない。ところが、日本の外交官はそういう教育も訓練も受けていないため、外交らしい外交ができていないのだ。

　日本の大使館の主な業務は、形式的な領事業務と外遊して来る国会議員らを接待したり面倒を見たりすることだ。出世に大きく関わるので、国会議員が来ると経費を惜しまず、下にも置かぬ扱いである。日本の国会議員もそんな事に外交官を使ってはいけない。

私に言わせれば、日本の外交官がやっているのは査証（ビザ）の発行、通商関係の援助などの事務手続き上の領事業務であり、外務省は領事省にすぎない。その領事業務ですら、きわめて心もとないのだ。後述するように、従軍慰安婦問題でアメリカやオーストラリアなどに住む日系人が苛《いじ》められても、守ろうという気概がない。これは厳密に言うと、在留邦人保護の任務を放棄しているということだ。

私がお世話になった外交官で、外務省情報調査局長や駐サウジアラビア大使などを歴任した岡崎久彦《おかざきひさひこ》先生が「戦後、日本は外交らしい外交を何ひとつやってこなかった」と漏らしたことがある。外務省切ってのエリートがそう言うのだから、推《お》して知るべしであろう。

こんな外務省は、解体的に出直すべきだと私は思う。

それができないのであれば、とりあえず情報省を作ったらどうか。情報省も無理だというのならば、官邸のNSC（国家安全保障会議）を強化する。アメリカのNSCにはたくさんのスタッフがいるが、日本のNSCは少数の上に、外務省や財務省、防衛省などから出向した官僚の寄せ集めだから、みな本省のほうを向いて気もそぞろである。これでは、肝心な情報戦など戦えるわけがない。

だから、NSC専従で凄腕《すごうで》のスタッフを雇って、独自の情報網を構築して機密情報を収集する。大した予算は必要ない。私に声をかけてもらえば、いつでも喜んで参上する。日本にも人材はいる。外務省と二重外交にはなるが、外務省をチェックするとともに日本政府の情報力を高める効果はあると思う。戦略外交はNSC主導で行ない、外務省には領事業務に専念してもらう。

トランプ陣営に食い込んだ河井克行が就《つ》いている首相補佐官というのは元来、民間の切れ者を雇うために設けたポストだが、最近は国会議員や官僚で占められている。河井は国会議員であるため、何十もの役職を兼務している。これでは、ダイナミックな動きが難しいので、専任の首相補佐官は専任でフリーで動けるようにすべきだろう。

平和ボケした日本に、はたして諜報活動ができるほどの優れた人材がいるのかと疑問に思う読者もいるだろうが、実は日本の場合、人材は民間にいる。

肩書が付いていて、使える資金が与えられれば、河井クラスの活躍を期待できる人材はかなりの数いるのだ。たとえば、私の知り合いでもロシア語がペラペラでプーチン大統領について研究している者とか、北京語や広東語でチャイニーズと交渉できる学者がいるが、そういう逸材が、就くべきポジションに就いていないのが問題なのだ。

民間の切れ者を積極的に登用して情報を入手し、次々に手を打っていくべきだ。そうしないと、目まぐるしく変わる世界で日本が生き残っていくことは、きわめて厳しいと言わざるをえない。

総領事は何のためにいるのか

アメリカやオーストラリアで、チャイニーズや韓国系住民が「従軍慰安婦」像（以下、慰安婦像）の設置運動を組織的に展開している。

これに対し、現地の日本人や日系人が慰安婦像の撤去や計画の撤回を求める運動を展開しており、私もボランティアとして活動に加わっている。

たとえば、オーストラリア在住の日本人や日系人で作るＡＪＣＮ（オーストラリア・ジャパン・コミュニティ・ネットワーク）は二〇一五年、シドニー近郊のストラスフィールド市で進められていた慰安婦像の設置計画を撤回に追い込んでいる。

ところが、そんな私たちの活動の足を引っ張るのはチャイニーズやコリアンだけではなく、わが国の外務省なのだ。前からではなく、後ろから弾《たま》が飛んでくるのだから、情けない限りである。

たとえば、アメリカのカリフォルニア州グレンデール市に設けられた慰安婦像に対し、日系住民たちが撤去を求める運動を始めたケースでは、ロサンゼルスにいる総領事の不可解な行動に、私たちは憤《いきどお》りを隠せなかった。

どうやって慰安婦像を撤去するかについて相談するため、日系人の代表はまず総領事に会いに行った。民間にできることと役人にできることの二つがあるのでお互いに役割を分担し、慰安婦像の撤去に向けて一緒に頑張ろうという話になるかと思いきや、総領事は「会いに来たことは内密に」「皆さんには言えないが、撤去を求める努力をしている」と言う。

なぜ、こそこそやるのか。「慰安婦像の設置は日系人に対する差別であり、日本とアメリカの友好関係を損《そこ》なうものだ。そもそも慰安婦自体が事実に反する」と述べて堂々と抗議すればよいのだ。それが、アメリカ流の民主政治である。

私たちの活動についても「どんなことをやっているか、教えてください。協力できることはしますから」と言うのが筋だと思うのだが、私たちに直接尋《たず》ねず、その後、スパイのような者を送り込んで来て活動の実態を探っていた。

彼らにとっては、大過《たいか》なく現地での任期を終えるのが最大の目的であり、私たちの活動はトラブルを引き起こしかねない余計なことなのだ。

サンフランシスコ郊外のクッパチーノ市にも慰安婦像が立つというので、私を含む代表三人が市長に会いに行って撤回するよう説得したことがある。そうしたら、チャイニーズ系アメリカンの市長が「安心してください。慰安婦像は建てません。今度、議会で提案があるけれど、否決されるから大丈夫です。これは内緒ですが、任せてください」と言うのだ。

実は、クッパチーノ市は愛知県豊川《とよかわ》市と姉妹都市の間柄で、市長の娘が交換留学生として来日するなど相互の交流があるため、市長は日本びいきだったのだ。市長は私たちと面会した席で「日本に恥をかかせるようなことはしない」と明言した。私は「その言葉を信じているが、もし平穏で慰安婦像を建てたらデモ隊を引き連れて来ます。そうしたら、静かなコミュニティがなくなりますから」と牽制の言葉を残して、それでも笑顔で市長と握手をして、市庁舎を後にした。

結局、市長の言う通り、市議会で提案は否決され、慰安婦像の設置計画は撤回された。チャイニーズ系ながら、約束を守った市長は立派であった。ところが、市長と面会した後、サンフランシスコ総領事館のスタッフがこそこそ会いに来た。

そのスタッフは「きょうはどんなお話があったのでしょうか」などと私たちから聞き取りをしてメモを取り、レポートを書いて総領事に報告したようだ。

日本の外交は、このレベルなのである。情けないにも程がある。

総領事はいったい何のために現地にいるのか。

私に言わせれば、この場合、市長を説得して慰安婦像の設置計画を撤回させることこそ、総領事の仕事である。慰安婦像が設置されることで日本の国益が傷つき、日系人の名誉が汚《けが》されるわけだから、日本を代表して抗議し、計画を撤回するよう説得すべきなのだ。

総領事がきちんと仕事をしていれば、何も私が日本からわざわざ現地に出向いて、抗議する必要などまったくないのである。最低でも、私たちが市長に面会するときに同席して、一緒に説得するぐらいの気概があってしかるべきではないだろうか。

「ジャパン・ハンドラー」退場の衝撃

世界各国の保守政党が集《つど》う世界保守党会議という国際的な民間団体がある。そこではイギリスの保守党とアメリカの共和党を中心に、世界各国の保守政党が集まり、意見交換をしている。四年に一度の大統領選挙でアメリカの共和党が党大会を開催するのに合わせて、世界保守党会議のネットワークで共和党大会に人が集まってくる。

二〇〇〇年のアメリカ大統領選挙ではブッシュ・ジュニアが勝利したが、私は選挙に向けて準備が始まる前年の一九九九年に日米の交流を図るため、日米保守会議という民間団体を立ち上げた。ブッシュ・ジュニアは日本と縁《えん》が薄い人だったため、日米のパイプを太くしておいたほうがいいと考えて民間人だけの会議を作ったのだ。

ブッシュ・ジュニア政権が誕生した場合、閣僚や政権中枢に入る人たちはだいたい察しがついていたので、その人たちを事前に日本に呼んで講演してもらい、日本の政財界のトップと意見交換してもらおうと考えたわけだ。

通算で三回の会議を行なったが、一回目に呼んだのがローレンス・リンゼイである。ハーバード大学出身の俊才で、ブッシュ・ジュニア政権スタート時の大統領補佐官で経済政策全般をまとめた人物だ。一九九九年一一月に東京港区のホテルオークラで会議を開催した。会議の後、クローズドの懇親会もやったが、この席には当時、まだ一介の衆議院議員だった安倍晋三氏も来ていた。

二回目がリチャード・アーミテージで、ブッシュ・ジュニア政権の国務副長官になった。三回目がロバート・ゼーリックで、ブッシュ・ジュニア政権の通商代表に就任し、後年には世界銀行の総裁に就いた人である。

この会議を通して培《つちか》われた日米間の人脈は、ブッシュ・ジュニア政権と日本との関係構築に大いに貢献したと自負している。

三回の会議を開催するのに一〇〇〇万単位の費用がかかったが、政府や外務省はもとより、財界からの支援は皆無《かいむ》に等しく、私はしばらくの間、経済的に困窮せざるを得なかった。それでも親しい中小企業経営者や有志の援助で何とかやり抜く事ができた。

このときに来日したアーミテージ氏らは、アメリカの対日政策に大きな影響力をもつ、いわゆるジャパン・ハンドラーと呼ばれる人たちだ。アーミテージらが中心になってまとめたアーミテージ・レポートが事実上、アメリカの対日要求を伝える文書になっていることは前述した通りだ。

トランプ政権では、このジャパン・ハンドラーたちが政権外にはずれるため、アメリカの対日政策が大きく変わる可能性がある。日本はもちろん柔軟に対応する必要があるが、むしろ新しい日米関係を構築するチャンスにすべきだと私は考えている。

戦後の保守政治家たちの奮闘と限界

外務省については、岡崎先生の言葉を借りる形で、「外交らしい外交をひとつもしてこなかった」と酷評したが、政治家はどうだったかというと、日米安保条約が改定された一九六〇年以後には残念ながら、これといった政治家が出なかったように思う。

戦後政治の総決算を唱えた中曽根康弘《なかそねやすひろ》首相も、レーガン大統領と「ロン、ヤス」とファーストネームで呼び合う関係を作ったものの、蓋《ふた》を開ければ見かけ倒しに終わった感が強い。

むしろ、粘り強い健闘が目立ったのは、占領下でＧＨＱ最高司令官のマッカーサーと対峙した吉田茂《よしだしげる》首相である。戦前の外交官であるから、首相というより占領時代の首席外交官のような役割を果たしたように思う。日本を弱体化しようとするアメリカの強硬な占領政策を少しでも緩和させようと、したたかに奮闘した点は評価したい。

もうひとり、戦後の傑出した政治家を挙げるとすれば、やはり安倍晋三の祖父である岸信介《きしのぶすけ》首相である。

A級戦犯として巣鴨《すがも》プリズンに収監されながら、「戦争に負けた敗者ではあるが、法律に違反した犯罪者ではない」として堂々と自らの立場を主張し、占領軍と渡り合った。政治家として復活して以後は、占領軍から押し付けられた憲法を改正し、自主憲法を制定する政治活動に取り組んだ。また、首相だったとき、日本に不利だった片務的な日米安保条約の改定を実現したことは高く評価できる。

経済産業大臣や運輸大臣などを歴任した平沼赳夫《ひらぬまたけお》先生は、自主憲法制定をめざした政党「たちあがれ日本」を結成して奮闘した。が、平沼先生が個人でいくら奮闘してもどうしても限界がある。やはり志を同じくする多数の政治家や財界からのバックアップがないと、政治を大きく動かすことはできない。私があえて「平沼先生」と呼ぶのは、私が二〇一〇年の参院選全国区に、「たちあがれ日本」の公認で立候補したからである。もちろん落選したが、この折に平沼先生から受けたご恩は誠にありがたかった。平沼先生は真の保守政治家の礼節と風格をもった人格者である。

元東京都知事の石原慎太郎《いしはらしんたろう》氏も、個人としての発言やパフォーマンスはそれなりの影響力を持っていた。青嵐会《せいらんかい》を立ち上げ都知事となり、歯に衣着《きぬき》せぬ発言で「慎太郎はいいことを言う」と多くの国民を熱狂させたが、その活動はオピニオン・リーダーとしては見事であったが、政治家としては、結局、憲法改正などの偉業を成し遂げるには至らなかった。

その点、面白いのは安倍晋三首相である。能力的に平凡であることは衆目の認めるところだが、祖父から三代にわたる人脈をフルに活用し、派閥の力と財界の支援を得て、集団的自衛権の行使容認など予想以上の仕事をしている。そして何より政治家としての「志」が高いのが素晴らしい。傲慢《ごうまん》にならず、老舗《しにせ》の番頭のような腹心の官房長官をはじめ、周囲の人材をうまく使いこなしているところは、立派である。大政治家の風格が出てきた。

憲法改正、とくに九条の改正は、不退転《ふたいてん》の決意で断行してほしいものだ。

自民党在米事務所を作れ

私がずっと提言しているのは、自民党が海外事務所を持つことだ。日本政府ではなく、政党として事務所を持って外交活動を展開すべきだと思う。

前述した二〇〇〇年の共和党大会の折には、世界保守党会議のメンバーの為に特別の部会が準備されていた。そこでは、ブッシュ・ジュニア政権で大統領補佐官を務めたコンドリーザ・ライスやアーミテージ氏が登壇《とうだん》して「われわれが政権を取った場合、こういう外交政策をする。皆さん準備しておいてください」と事前のレクチャーのような話をした。つまり、この会議に出れば、ファーストハンドの情報が堂々と得られるのだ。

この会議に、かつては自民党も代表を送っていた。というよりも、自民党は共和党と民主党両方の党大会に異なる代表を送っていたのだ。

ところが、二〇〇〇年のこの会議に出た私の部下が、共和党のメンバーから「ぜひ会議に参加するよう自民党に伝えてくれ。参加すると言ってくれれば、私たちはいつでもウェルカムだ」と言われた。この会議に、自民党の代表はなぜか欠席していたのである。

その報告を聞いて、私は自民党本部に出向いて「『ぜひ会議に参加してくれ』と伝えるように共和党から頼まれて来た。四年後はぜひ代表を送ってください」と進言したところ、自民党の担当者の回答は「予算がなくて送れない」ということだった。何とも情ない話だ。

自民党は野党に転落した後、与党に戻ったものの、「自社さ」政権、自自公政権と連立相手を変え、ようやく自公連立に落ち着いた頃であった。

現在の第二次安倍内閣は政権基盤が安定しているので、自民党は今のうちにワシントンに海外事務所を作るべきだ。

日本経済がバブルに沸いた一九八〇年代半ばに、日本の政治家が個人事務所をワシントンに開設する動きがあったが、あれはいかにも個人的なパフォーマンスに映ってしまい、誉められることではなかった。そうではなくて、大使館のオフィシャルな活動とは別に、自民党という政党のプライベートな活動として事務所を開設することに意味がある。

できれば、ワシントンだけでなく、ロンドンとパリにも海外事務所を持ち、イギリスなら保守党、フランスなら右派連合などの政治家やブレーンたちと常時、交流して情報収集かつロビイング活動をしてほしい。そうやって世界保守党会議に出席している人たちと顔つなぎができていると、自民党の政治家が外遊するとき、そのルートで向こうの大物政治家と会談し、意見交換することができるのだ。

現地事務所の担当者が一〇年ぐらいのスパンで駐在すれば、「ああ、自民党の○○さんか」と政界で知られた顔になり、自民党と相手国の保守政党との間に太いパイプを作ることができるのだ。

ワシントン事務所の維持費は年間数億円程度で十分だ。自民党や自民党を支援する財界にはその程度の資金を捻《ひね》り出す力もないのだろうか。国会に議席を有していない私でもこれだけできたのに、まったくお恥ずかしい限りである。

アメリカから見た日本の位置

アメリカにとって、日本あるいは極東地域は、どの程度重要性があるのだろうか。

ごく大雑把に言うと、外交安全保障の観点から見て、アメリカが重視している地域はヨーロッパと中東、それに東アジアの三つである。

オバマ大統領はブッシュ・ジュニア大統領が始めた中東での戦争を何とか終わらせようと外交的な努力を傾けてきたが、片づかないままにダラダラと時間だけが経過してしまった、というのが実情だ。イラク戦争を終わらせたものの、ＩＳが出て来て広大な地域を支配してしまい、シリア、イラク、アフガニスタン等では内戦状態が続いている。

オバマは中東の問題を片づけて東アジアを重視する政策へのシフト、つまりピボット（旋回）とリバランス（再均衡）を掲げたが、中東の問題が泥沼化したために、言葉だけで政策転換を実行できないまま大統領の任期を終えた。

アジアへのシフトというのは、要するにチャイナ脅威論である。チャイナが脅威となっているので、アメリカが対応するということだ。

トランプ政権は（第三章）で後述するように軍人重用政権だが、東アジア政策にはやや不安が残る。なぜなら、マティス国防長官やフリン大統領補佐官ら元軍人たちが、実際に戦闘を指揮したのは中東においてだからだ。軍隊はもっとも優秀な軍人を現実の戦場に送るので、当然のことだが、彼らは中東に送られたのである。

在日米軍の兵力は約四万五千人だが、米軍内部では「日本滞在はロング・ホリデーだ」と囁《ささや》かれている。日本には直接の脅威がなく、東アジアでは今のところ戦闘が起きていないので、休暇に行くようなものだと揶揄《やゆ》されているわけだ。

そんな有り様だから、司令官も含めて在日米軍に第一線級の軍人が来ることはない。もっとも優秀で、勇気があり、頭が切れ、戦闘能力のある軍人は中東に送られて来たのが実情だ。

トランプ政権にはＵＳＴＲ（米通商代表部）代表のライトハイザーや国家通商会議議長のナヴァロのような反チャイナの急先鋒が入っているが、とりあえず軍事的に最大の敵はＩＳだという認識である。だからこそ、マティスやフリンが抜擢されたのだ。地上軍をもう一度送ってＩＳを叩き潰すとトランプは言っている。

しかし、いかに優秀な軍人を政権中枢に据《す》えても、ＩＳの問題が片づかなければ、ズルズルと中東に引きずられることになる。そうなると、オバマ政権の二の舞で、チャイナの脅威に対応するために東アジアに軸足をシフトすると言いながら、思い切ったことができない危険性もあるわけだ。

ただし、トランプ政権は海軍の大建造計画を打ち出し、艦船二五〇隻体制を三五〇隻体制にまで増強する。そのために、毎年二〇〇億ドル（約二兆円）の建造費を支出すると言っている。

中東の戦闘には海軍の艦船は必要ないので、海軍の増強がチャイナ対策であることは間違いない。あとは財政事情との関連で、計画通りに進むかどうかが今後の注目点だ。

アメリカは地球上で同時に二カ所の戦闘に対応できる体制づくりを目指しているが、財政的な限界があるため、せいぜい一・五カ所だとか、実際上は一カ所だろうという指摘もある。一カ所でしか戦闘できない体制だと、中東で大きなオペレーション（作戦）を展開していれば、東アジアに関わる余裕がないわけだ。チャイナはアメリカの矛先《ほこさき》が自国に向かわないように、裏でISを応援しているにちがいない。

その証拠のひとつが、九・一一同時多発テロの主犯とされたアルカイーダのオサマ・ビン・ラディンが、パキスタンのアボタバードという町で殺されたことだ。

ここはパキスタン軍の士官学校のある町で、パキスタンという国家がビンラディンを匿《かくま》っていたことは明らかだ。パキスタンは中東のイスラム過激派を支援してきた国で、チャイナの同盟国である。ということは、チャイナがビンラディンを匿っていたと言っても間違いではない。

私はこの事実から、米中の新冷戦が始まると確信した。その詳細について知りたい読者は、拙著『米中新冷戦、どうする日本』（PHP研究所）を読んでもらいたい。

ISを叩き潰すために、トランプ政権はロシアと手を組もうとしている。アメリカがロシアと手を組むことが実現すれば、ISは早期に壊滅すると思う。それは、今のようなISによる領土支配が幕を閉じるという意味である。

トランプ政権は、オバマ政権のように中東の民主化のために国家体制を潰して混乱を引き起こすようなことはしないと言っているので、中東は相対的に安定する可能性が高い。もしそうなれば、オバマ政権がやり残した東アジアへのシフトが現実になって来る。その場合、習近平も枕を高くして眠れなくなるということだ。

国家としてのISは滅びても、世界中に散らばったISのテロリストたちは今後も世界各地でテロ攻撃を続けることになる。

今後は対テロ戦争が最大の課題になってくるが、テロリストは難民のなかにも紛《まぎ》れ込んで先進諸国に潜伏しており、彼らをコントロールするのは非常に難しい。これに対しては、モップアップ・オペレーション（掃討作戦）を地道に展開し、個別に撃破していくしか手立てはない。

第三章

これがトランプ政権だ

トランプ政権を人事から見る

トランプ政権がこれからどのような政策を行なっていくのか。主要人事からその方向性を見てみることにしたい。というのも、どういう人物がどのポジションに就《つ》くかを見れば、その政権の方向性や個性、特性などが自ずと明らかになるからだ。

トランプは選挙戦中から、自分が大統領になったら何をするかを明確に打ち出してきた。政権の人事を見ると、その方針を色濃く反映する布陣になっていることが一目瞭然だが、トランプの方針に反対意見を持つ人物も入っている。事《こと》を成すのに妥協なくして何事も実現しないのは当たり前のことであり、トランプ政権もその例外ではない。

トランプは政界のアウトサイダーであるだけでなく、共和党のエスタブリッシュメントにとっても党のアウトサイダーであった。しかし、大統領になったら、議会の支持を得ないと大きな仕事をすることができない。とくに予算を握っている下院の賛同を得て予算を成立させないと中身のある政策を断行できないので、トランプにとって共和党をどうまとめていくかが大きな課題になる。

今回、二〇一六年一一月八日の大統領選挙と同時に行なわれた議会選挙で、共和党は上院・下院両方で多数派になった。通常であれば、メデタシメデタシである。共和党の大統領であれば、多数派を占める議会の支持を得て、思い切った政策を行なうことができるからだ。

ところが、トランプはアウトサイダーだから共和党のすべての議員たちと必ずしも仲がよいわけではなく、共和党という集票マシンがフル出力でトランプを応援したわけではなかった。

だから、与党共和党のなかに反トランプ派を多く抱えているのが実情で、共和党のエスタブリッシュメントをどう抱き込むかが、トランプ政権の大きな課題になる。

もうひとつの課題が「ウォールストリート」、つまり金融界のみならず、大企業や財界をどう抱き込むかということだ。なかでも、マルチナショナル・コーポレーションズ（多国籍企業　MNCs）を取り込むことが、非常に重要な課題と言える。

多国籍企業のなかには、もともとの発祥地である国家を離れて無国籍化しているケースも多く、私はこれに「ノンナショナル・コーポレーションズ（無国籍企業　NN

Cs)」という新造語を作って問題提起している。

こうした多国籍企業・無国籍企業に対し、トランプはアメリカ・ファーストを唱えて「アメリカに戻って税金を払え」「アメリカで雇用を作れ」「チャイナなどに行くな」と激しく非難してきた。

その一環で、二〇一六年一二月には、コネチカット州に工場のある空調メーカーのキャリア社に直接電話を入れて働きかけた。そして、工場をメキシコに移転させる計画をストップさせ、一〇〇〇人の雇用を確保したと発表した。また、アップルにも圧力をかけ、アイフォンを製造する新工場をアメリカ国内に作るよう働きかけた。またフォードもトランプの圧力を受けてメキシコへの工場移転を撤回した。

しかし、ウォールストリートを取り込まないと大きな政策転換はできない。また外交は大統領の権限でできることが比較的多いが、たとえば米軍の配置を変えるとなると必ず予算措置が絡んでくるので、議会、特に下院で予算を通さないとどうにもならない（予算問題では下院に優先権がある）。

あるいは、思い切った財政出動をするためには、もちろん予算の裏づけが不可欠だ。バランス・バジェット（財政均衡）が共和党主流の考え方なので、トランプはその人たちに対して「まず景気を良くしよう。そのために赤字覚悟でも財政出動をやろう」と説得しなければならないのだ。

オバマ政権の末期には、上院も下院も共和党に多数を取られていたので、重要な法案が通らなかった。それで、オバマは議会の承認がなくてもできる行政命令であるエグゼクティブ・オーダー（大統領令）を乱発して強引に政策を遂行したため、さらに議会は反発を強める事態になっていた。

こうした大統領令のなかには、法的に危ういグレー・ゾーンのものも含まれている。難民の受け入れについては、大統領の権限で年間五万人程度を受け入れることができるので、シリアなどの難民を積極的に受け入れたが、これが現在大きな問題になっている。中にテロリストがまじっている事が確実だからだ。

やはり、政策を遂行していくためには大統領令に頼らず、議会で立法化してやっていくのが筋であり、そのために共和党のエスタブリッシュメントを抱き込んでいくことが、トランプ政権にとって非常に重要になってくるわけだ。

中産階級の静かな革命

大統領選挙でトランプを支持したのは、グラスルーツ・コンサーヴァティブ（草の根保守）と呼ばれる人たちだった。グラスルーツにはリベラルと保守があるが、どちらも大規模に組織化されず、個人で政治活動をしている人たちのことだ。

「草の根保守」の場合、エスタブリッシュメントや大企業、財界の保守派とは異なり、中小零細企業の経営者や農民、独立自営業者などが主軸となっている。階層的には中産階級が中心で、プア・ホワイトと呼ばれる貧困層の白人たちも含まれる。

別の言い方をすると、アメリカの保守党である共和党はビッグ・ビジネス（大企業）とスモール・ビジネス（中小零細企業）が合体した党であり、トランプの場合はスモール・ビジネスが奮起して当選を支えたケースと言える。

共和党が選挙に勝ち、ダイナミックな政策を展開するためには両方の支持が不可欠になるが、両方の指示を得て強固な政権基盤を固めるのに、もっとも成功した例がロナルド・レーガン政権であった。

レーガンの場合、イデオロギー的には反ソ連のタカ派だったが、経済政策としては規制緩和を掲げたため、ビッグ・ビジネスからもスモール・ビジネスからも支持を得ることができた。当時、レーガン・コアリション（レーガン連合）という言葉があったが、言い換《か》えれば、規制緩和連合である。ビッグ・ビジネスとスモール・ビジネスが規制緩和で手を握り、強力な政権を構築したのだった。この規制緩和はアメリカ経済のサービス経済化を推進する結果をもたらした。

私のツイッターのフォロワーのひとりに、アメリカ国籍を取得した日本人女性がいる。その人は家庭の主婦だが、トランプが勝利したとき、「日本のマスコミや評論家はデタラメばかり言っている。トランプ勝利は、われわれミドルクラス（中産階級）が起こした静かな革命です」と私にメールを送ってくれた。

ビッグ・ビジネスの言うことを聞く政治家はいる。労働組合の言うことを聞く民主党の政治家もいる。実際に聞いたかどうかは別として、ヒラリー・クリントンは「中産階級とマイノリティの声を聞く」と言って選挙戦を戦った。しかし、人口的には圧倒的に多い中産階級の声を本当に聞く政治家がいなかったのだ。

政治家のなかには「アメリカでは中産階級がやせ細っている。中産階級に役立つ政策をする」と主張する者も多くいたが、そう言っておきながらヒラリー・クリントンのように何もしない者ばかりだった。私のツイッターのフォロワーの女性は「この三〇年間、われわれは忘れられてきた」と記していたが、このフォーガットン・ピープル（忘れられた人々）の支持を得て当選したのが、トランプである。

しかし、政権人事でこの草の根保守のリーダーを重用すれば、共和党エスタブリッシュメントはともかく、明らかにウォールストリート（大企業財界）とはぶつかってしまう。そこをどう突破していくかが、トランプの大統領としての腕の見せどころとなるわけだ。

たとえば、トランプは景気を良くするために高速道路や鉄道、港湾、空港、通信施設（光ファイバー）などインフラの再構築を進めると主張している。そのために大規模な財政出動をすると言っているが、赤字を抱えた政府だけでできることは限られている。たとえばインフラ投資銀行を設立し、民間資金も取り込んでやっていく必要がある。そうなると、大きな金融機関にも協力してもらい、資金集めをしなければならない。ビジネスマンであるトランプは、そのこともよく弁《わきま》えていると私は思う。

政策遂行のためにはウォールストリートの協力を得ることが不可欠だが、トランプは草の根保守の支持で勝った大統領だから、あまりウォールストリートに近づくと「裏切り者」と批判され、政権基盤が揺らぐことになりかねない。

そこのところをうまくバランスを取って政権運営していくことが成功の鍵であり、非常に微妙で難しい点でもあるのだ。

トランプはポピュリスト（民衆主義者）たちの支持を得て、エスタブリッシュメントやウォールストリートなどのエリーティスト（エリート主義者）の圧力をはねのけ、当選した大統領だが、大統領になったとたんに豹変《ひょうへん》してエリーティストにすり寄り、ポピュリストを裏切らないとも限らない。そのほうがずっと楽だからだ。しかし、トランプが選挙戦で主張してきた政策を本気でやろうとするなら、政権担当後もポピュリストからエネルギーを得て推進力にしていかねばならないだろう。私はポピュリストの支持を、トランプは裏切らないと思う。

だから、ポピュリズムとエリーティズムのバランスをどう取るのかがポイントになってくるわけだ。

トランプは民主党が強いニューヨークでビジネスをするために、ヒラリー・クリントンにも献金をしていたというから、ビジネスマンの感覚を生かして、そこはしたたかにやるに違いない。

アメリカ政治の基礎知識

ここで少々迂遠《うえん》にはなるが、アメリカ政治について精通していない読者のために最低限必要な知識だけ述べておきたい。

アメリカの場合、大統領が任期途中に死亡した場合、大統領職を継承する順位がきちんと決まっている。第一位が副大統領（上院議長を兼務）、第二位が下院議長、第三位が上院仮議長、第四位が国務長官、第五位が財務長官である。

たとえば、二〇〇一年の九・一一同時多発テロのとき、ブッシュ・ジュニア大統領は南部に遊説に出かけていたが、ただちに最寄《もよ》りの空軍基地に身を寄せた。また、ワシントンにいた副大統領と下院議長は別の場所に退避《たいひ》した。それは、中枢が同時に殺されたら、指揮系統が麻痺《まひ》するからである。

大統領、副大統領、下院議長は選挙で国民に選ばれた者で、第四位から以下は大統領が指名した者たちだ。大統領と副大統領が死亡して下院議長が大統領になる場合、大統領が民主党、下院議長が共和党であれば、民主党政権からいきなり共和党政権に代わることになる。

大統領が指名した閣僚のなかで一番格の高いのが国務長官で、財務長官、国防長官と続く。継承順位で上の者が死亡した場合、次の人が自動的に大統領に昇格する決まりになっているわけだ。ちなみに、日本の場合、総理大臣の次に格の高いのが法務大臣で、それは内閣スタート時に発表される内閣人事の大臣名の順番を見ればわかる。

アメリカは地方分権制の国で、州ごとに共和党や民主党などの組織が独立してある。しかし、共和党、民主党それぞれにナショナル・コミッティー（全国委員会）というのがあり、日本のように上意下達的な組織ではないが、州支部全体を緩《ゆる》やかに束ねている。

全国委員会の委員長には、それなりの権限がある。全国委員会は四年に一度、その党の大統領候補を指名する党大会を主催するが、そのときに力を発揮するのが全国委員会委員長である。これは日本の政党で言うと、党首ではなく、幹事長のような存在と考えてもらえばいい。

日本はパーラメンタリー・ガバメント（議院内閣制）だから、国政選挙で勝利した政党の党首が総理大臣になり、政権運営をすることが多い（連立政権で第二党の党首が総理大臣になるケースもある）。

ところが、大統領制のアメリカは日本と違って、二大政党の民主党・共和党には党首がいない。四年に一度選ばれる大統領候補が実際上の党首のような存在と言える。大統領は行政府を統括《とうかつ》しており、議会は独立して力を持っている。大統領選挙で敗れた側の政党は党首がいないので、議会のリーダーたちが合議制で議会対応や党の運営方針などを決めていくこととなる。

議員のトップは、院内総務である。上院、下院に共和党・民主党それぞれの院内総務がいて、この人を中心に法案の審議などの議会活動を行なう。日本で言えば、衆議院、参議院の自民党議員団の幹事長みたいなものだ。

日本の場合、党議拘束が厳しく、国会議員が党の決めた方針に反して国会で行動することは原則として許されない。アメリカの場合、日本よりずっと議員の自由度が高いが、それでも重要な法案を成立させる場合には党の締めつけが厳しくなる。

たとえば、下院の共和党であれば、下院を統括しているポール・ライアン議長を中心に重鎮たちが「これは大事な法案だから一致結束して通すぞ」と全議員に声をかけ、共和党が一体となって行動するように取り計らうというわけだ。

アメリカの場合も日本と同様に、党員は政党に登録して地域の政治活動に参加し、地方議員の下で選挙の手伝いをするのが基本である。多くの党員が別に職業を持って働きながら、ボランティアで政治活動を行なっている。

アメリカでは大統領選挙や上院・下院議員の選挙、首長や地方議会議員の選挙だけでなく、教育委員会や公安委員会などの委員も選挙で決めるので、やたらに選挙の数が多くなる。だから、選挙運動をするだけでも多数のボランティアが必要になるのだ。

日本の場合は政党に登録して党費を払わないと党員になれないが、アメリカの場合はもっと緩やかだ。「私はいつも共和党に票を入れている」という人がリパブリカン

（共和党員）であり、「オレはデモクラット（民主党支持）だ」という意識があれば、それだけで民主党員である。

州によっては共和党大統領予備選挙のコーカス（党員集会）の際、事前に党員として登録していないと投票できない州が多いが、民主党の場合は事前に登録して党費を払っていなくても、予備選で投票できる。

では、トランプ政権の特徴について解説していくことにしよう。

政権運営の鍵は共和党対策

トランプ政権人事で、まず挙げておきたいのは、共和党エスタブリッシュメント・議会対策として、副大統領にインディアナ州知事の**マイク・ペンス**（五七歳）を起用していることだ。

連邦下院議員を通算六期務め、下院の予算委員長などを歴任した共和党のベテラン政治家である。副大統領候補どうしのテレビ討論を見ると、非常に頭脳明晰《ずのうめいせき》で冷静沈着、かつ度胸もあることがわかる。

インディアナ州知事時代は、オバマ大統領が大統領令で執行した中東からの移民の強制割り当ての拒否を表明している。最終的には最高裁によって否決されたが、オバマ政権に抵抗する反骨の姿勢が保守陣営で高く評価された。

トランプ陣営のトランジション・チーム（政権移行チーム）では当初、ニュージャージー州知事で共和党の大統領候補だったクリス・クリスティがトップに就いていたが、途中でペンスに交代している。

マイク・ペンス〈副大統領〉
(写真：Abaca／アフロ)

アメリカでは大統領が代わると、ポリティカル・アポインティー（政治任命）によって、閣僚など政権の中枢だけでなく、ワシントンの官僚ら約三〇〇〇人の首がすげ替わる。だから、政権移行チームが核となって三〇〇〇人もの人事を行なっていくわけだ。

そもそもペンスを副大統領にすべきだと進言したのは、トランプの長女でトランプ・オーガニゼーション副社長のイヴァンカ・トランプとその夫ジャレッド・クシュナー、それに次男のエリック・トランプらである。「ペンスは切れ者でバランスがとれているから、ぜひ副大統領に」と父親に強く薦《すす》めたという。さらに政権移行チームのトップにもなったということは、トランプのペンスへの信頼がいかに厚いかを示している。ちなみに、ペンスを推薦したクシュナーは、ホワイトハウスの上級顧問という要職に就いている。

副大統領は通常、地位が高いにもかかわらず、政策にはあまり関与しないお飾りのポジションと見られてきた。たとえば、ケネディ大統領のときのリンドン・ジョンソン副大統領は、ケネディが暗殺されるまでほとんど目立たない存在だった。レーガン大統領のときのジョージ・ブッシュ・シニア副大統領も儀礼的な、形式的な副大統領に留まっていた。

しかし、ペンスの場合は、トランプ政権と共和党エスタブリッシュメントとのパイプ役として非常に重要な役割を果たし、目に見える副大統領として活躍することになるだろう。

ペンスは後述するウィルバー・ロスとともに、トランプ政権の親日派の双璧でもある。ペンスの地元インディアナ州にはトヨタの生産子会社があるため、何度も来日してトヨタの関連企業をインディアナ州に誘致《ゆうち》する活動をしてきた人だ。

共和党のエスタブリッシュメントとしては、大統領首席補佐官の**ライインス・プリーバス**（四五歳）がいる。首席補佐官は日本で言えば官房長官プラス・アルファの実力者で、大統領と毎日面会して政権の方向性を決めていく。そして、首席補佐官が首を縦に振らせないと、大統領に面会することもできないために強大な権限を持つ存在だ。人事のみならず、内外政策の調整役でもある。

ラインス・プリーバス〈大統領首席補佐官〉（写真：ロイター／アフロ）

プリーバスは共和党全国委員会の委員長で、政治家ではない。若い頃は政治家を志望していたが、ウィスコンシン州上院議員の選挙に立候補して落選した。その後、共和党内で地味な仕事を積み重ねて出世し、二〇一一年に全国委員長に選出されている。今回の大統領選挙では、なかなか意見がまとまらない共和党内をトランプ支持でまとめることに力を尽くした人だ。

プリーバスは地味で目立たない人物で、いわば渋い人事と言えるが、実務的で人脈が豊富な点が評価されたものと見られる。

同じウィスコンシン州出身で共和党下院議長のライアンと仲がよく、共和党のエスタブリッシュメントや議会をまとめる上で、ペンスとともに力を発揮することが期待されている。ライアンは大統領選末期にトランプへの支持を取り下げてしまい、トランプとの仲は悪くなっていた。しかし下院を動かすためにはライアン下院議長の協力が不可欠なのである。

また、教育長官の**ベッツィー・デボス**（五八歳）も、共和党の元ミシガン州委員長だった女性だ。大富豪の妻で当初は反トランプだったが、政権に参画することになった。

トランプ政権の基本的方向性

トランプは、外交の要《かなめ》である国務長官に世界最大の石油・エネルギー企業であるエクソン・モービルのＣＥＯ（最高経営責任者）の**レックス・ティラーソン**（六四歳）を指名した。日本で言えば、トヨタ自動車の豊《とよ》田《た》章《あき》男《お》社長を口説《くど》いて、外務大臣にするような大胆な人事である。

この人事の意味するところは、きわめて重大である。ティラーソンの指名にトランプ政権の基本的性格がよく表われているからだ。ティラーソン国務長官指名で明らかになった、トランプ政権の基本的方向性とは、次のようなものである。

レックス・ティラーソン〈国務長官〉
（写真：VPI／アフロ）

第一に、「アメリカ経済の主力となるエネルギー源は石油と天然ガスである」ということだ。実はアメリカのみならず、今後、一〇〇年、二〇〇年の間、人類の経済を支えてゆくエネルギーは化石燃料、とりわけ石油と天然ガスである。米国内においては、シェールガスやシェールオイルの開発もこれに含まれる。傾向としては、石油から天然ガスへ重点が移ってゆくであろう。当然、トランプ大統領のアメリカは、「CO2規制」のパリ協定を離脱することになる。

第二に明確に打ち出されたのは、親ロシアの外交方針である。ティラーソンのエクソンは、二〇一一年に総額で五〇〇〇億ドルを北極海の海底資源開発に投資するというエネルギー協力協定をロシア政府と締結している。ロシア政府はその後、ティラーソンに友好勲章を授与した。

プーチンがクリミアを併合した後でも、ティラーソンは対ロシア制裁に反対していた。このことを批判する者もいるが、実はクリミア併合の前段階で起きたウクライナの紛争こそは、民主化運動ではなく、合法的に選出された政権を暴力と直接行動によって転覆《てんぷく》しようという反民主的なクーデターであった。

トランプとプーチンに共通するのは、国民国家の再生という原則である。言い換えれば「反ボーダーレス・エコノミー」ということでもあり、「アンチ無国籍マネー」ということにもなる。

二〇一七年、トランプとプーチンは、協力してIS壊滅の軍事作戦を実行するであろう。おそらく二〇一七年中にISの領域支配は完全に消滅することになるだろう。

その後、ISは領域支配なきテロリスト集団として、かろうじて存在を維持するに違いない。アルカイーダその他のような国際テロ組織のひとつとなるだろう。

ISの残党狩りは重要である。特にアメリカやヨーロッパ内に入り込んだISのテロリストを掃討《そうとう》することは重要であり、相当な労力を必要とするであろう。しかしISが一定の領域を支配し、かつてのようなイスラム過激派の国際的な拠点となることはもはや、なくなるのである。

さらに重要な第三のポイントは、ティラーソンの指名がトランプのオール・アメリカでアメリカを再興するという基本方針をもっともよく表わしているという点である。

エクソン・モービルはアメリカの国力を支える企業のひとつである。中小企業も大事だが、大企業も国家の繁栄のためには欠かすことができない。ボーイングやGE、GM（ゼネラルモーターズ）、エクソンなどの世界的な大企業はアメリカの繁栄を支えている大きな柱である。

ティラーソンの個人的経歴についていえば、一九五二年、テキサス生まれで、一九七五年、テキサス大学オースティン校の土木工学科を卒業している。その後、エクソンに入社し、その道一筋で二〇〇六年にCEOに就任する。つまり、ティラーソンは、現場の石油掘削で実績を築いた根っからのオイルマンなのである。

石油業界は独特のビジネス風習があり、特に現場で石油を掘る男たちは気が荒いことで有名だ。言わば、現代のカウボーイである。こういう現場の叩き上げからCEOになったのがレックス・ティラーソンという人物である。

管理職になってからは、スーパーセールスマンとして業績を積み重ねた。エクソンは世界の五〇カ国以上で事業を展開している。このことからも、ティラーソンが外交交渉能力に優れていることは疑いようがない。政治経験はなくとも、世界最大の石油企業トップとして築いてきた人脈は並外れたものなので、国務長官の仕事に活《い》かされるに違いない。

トランプの反グローバリズムの意味するもの

トランプは、ナショナリズムを提唱し、グローバリズムに反対する政治家である。

逆に、対立候補であったクリントンは、ナショナリズムを否定しグローバリズムを推進する政治家である。その反グローバリストであるはずのトランプが、グローバル大企業であるエクソン・モービルのティラーソンCEOを国務長官に指名するのは、矛盾ではないかという指摘がある。

そのような指摘はアメリカにおける草の根のトランプ支持者の間からも聞かれる批判である。ところが私の見るところ、これはまったく矛盾とは言えない。なぜ矛盾ではないのか？　その理由をよく考えてみる必要がある。

トランプはそもそも国家間の自由貿易に反対しているわけではないし、大企業の国際的な事業展開に反対しているわけでもない。彼はけっして重商主義者ではないのだ。トランプが、そしてその支持者が求めているのは、自由かつ公正な貿易である。反対しているのは、無国籍的な大企業であり、国民国家を破壊するような政策や企業形態なのである。それゆえに彼は、TPPのような多国間協定ではなく、二国間による自由貿易協定の推進を提唱している。トランプが反自由貿易であるというのは、まったくの事実捏造《ねつぞう》である。

アップルのような多国籍企業は、（1）低開発国の低賃金を利用して製造し、（2）製品を先進国の豊かなマーケットで売り、（3）得た利益をタックスヘイブンに秘匿して、利益を上げているいかなる国でも税金を納めようとしない。トランプが批判しているのは、このような無国籍的な企業のあり方である。マイクロソフトは、ウィンドウズのソースコードを中国共産党政権にのみ秘密裡《り》に公開し、チャイナ・マーケットへのアクセスを獲得した。フェイスブックはチャイナ市場に参入するために、チャイナ国内向けの検閲ソフトを完成させた。

労働者の権利も環境保護も無視して、共産党特権階級のみが暴利を貪《むさぼ》るチャイナのような国家体制そのものが自由貿易に違反し、それを破壊する元凶である。そういった国家に不公正な協力を行なうような企業は、明らかにアメリカの国益に反する存在なのである。それればかりでなく、人類の幸福への裏切りであろう。

単に雇用がアメリカからチャイナに流出するばかりでなく、アメリカの国力を弱め、反米国家の力を強めるような行動をアメリカ企業はとるべきではない。それは国益を守る観点からすれば国民的道徳であり、またトランプ新大統領の信念でもある。

一方、エクソン・モービルはグローバルな企業であるが、この企業はまさに国家アメリカを支える産業力の基盤を形成している。国家アメリカときわめて近い立場に立ち、アメリカの国益を推進する愛国的な企業である。

そもそもエクソン・モービルは、ロックフェラーが創始したスタンダード・オイルが独占禁止法によって分割された会社が合体したものであり、米愛国派を代表する国際企業なのである。石油企業としては、イギリスとオランダのロイヤル・ダッチ・シェルが英仏ロスチャイルドなどを中心とする英仏旧植民地利権を代表する企業であるのに対し、米スタンダード・オイルは、新興国アメリカの国益を代表し、英仏旧植民地勢力と対立する米愛国派企業であった。

エクソン・モービルとても私企業であり、その利益は、国家アメリカの国益と一〇〇%一致するわけではない。しかし、国家アメリカを支え、アメリカの国益にきわめて近い企業なのである。

逆にトランプが忌避《きひ》しているのは、アメリカの国益に反してまでも、利益を追求しようというボーダーレス企業である。特に、このボーダーレス企業が、単にボーダーレスであるのみではなく、英仏旧植民地利権と結びついていることこそが大問題なのだ。そもそも税金を納めないタックスヘイブンの存在が、イギリス旧植民地利権を中心に形成されてきたことを、私はたびたび述べてきた。詳しくは、拙著『アングラマネー』（幻冬舎新書）を参照していただきたい。

ティラーソン指名は、強いアメリカの復活を国民にさらに印象付ける快挙と言えるだろう。

軍人重用政権

トランプ政権ではまた、軍人の大胆な登用でも注目をあびている。

何といっても、今回の人事で一番の注目点の一つは、海兵隊大将の**ジェームズ・マティス**（六六歳）を国防長官に抜擢したことである。

アメリカ統合戦力軍司令官、中央軍司令官などを歴任し、同時多発テロに対する報復軍事作戦である「不朽の自由作戦」に従軍。アフガニスタン南部で指揮を執《と》った。また、二〇一〇年から一三年にかけては、中央軍司令官としてテロ掃討作戦を指揮している。

勇猛果敢で、マッド・ドッグ（狂犬）との異名を取る。こういう恐い顔の軍人が国防長官になると、アメリカに喧嘩《けんか》を売る国は少なくなるだろう。この人事を聞いてチャイナもあまり騒がず、鳴りを潜《ひそ》めた感がある。

実は、軍人は退役後、七年経たないと長官になれない。マティスは二〇一三年に退役してまだ三年しか経っていないので、通常であれば長官になれないはずである。しかし、どうしても政権に不可欠の人材であり、国防長官をやらせたいというので、トランプ政権は例外措置の立法を行なう。こうした例外措置をとったケースは、戦後すぐにヨーロッパ経済復興援助計画、通称マーシャル・プランを実施した国務長官のジョージ・マーシャル将軍以来、二人目のことだという。

ジェームズ・マティス〈国防長官〉（写真：AP／アフロ）

マティス長官は独身で、非常に禁欲的な人

である。マッド・ドッグのほかに、ウォリアア・モンク（戦う修道士）というニック・ネームも持っている。

戦略・戦争史の研究家としても知られ、家にいるときはコツコツと本を読んでいる。その蔵書は七千冊に及ぶ。広範な戦略・戦史研究の末に到達した結論は「戦争の本質は変化していない」というものだった。

トランプによれば、マティス大将は第二次大戦で大戦車軍団を率いた名将にちなみ、「現代のパットン将軍だ」ということになる。

また、退役海兵隊大将の**ジョン・ケリー**（六六歳）が、国土安全保障省長官に就任した。国土安全保障省は二〇〇一年に起きた九・一一同時多発テロの後、国防省とは別に設立された省で、ケリーが五代目の長官になる。

ケリーは一九七〇年に海兵隊に入隊し、退役前のポストは南方軍司令官である。話題になったのは、キューバのグァンタナモ湾にある米軍基地をオバマ大統領が閉鎖しようとしたときに、ケリーが「閉鎖すべきでない」と主張して鋭く対立したことだ。グァンタナモの基地はキューバ革命以前からアメリカがずっと租借してきた場所で、

マイケル・フリン〈安全保障問題担当・大統領補佐官〉（写真：ZUMA Press／アフロ）

ジョン・ケリー〈国土安全保障省長官〉（写真：AP／アフロ）

革命後も治外法権でアメリカが維持してきたところだ。

トランプはかつてリチャード・ニクソン政権でヘンリー・キッシンジャーが務めた安全保障問題担当の大統領補佐官に、退役陸軍中将の**マイケル・フリン**（五八歳）を起用している。

フリンは陸軍で一貫して情報畑を歩んだ情報将校で、イラク戦争とアフガン戦争に従軍している。二〇一二年から一四年まで、国防総省の国防情報局長官を務めた。元米軍司令官のバリー・マキャフリーはフリンのことを「世代屈指の情報将校」と、高く評価している。

前述したが、フリンは二〇一六年一〇月に来日して菅義偉官房長官と会談し、自民党本部で講演を行なっている。これは安倍政権の河井克行首相補佐官が根回ししたもので、これが機縁《きえん》となって、一一月一七日にトランプ・タワーで行なわれた安倍・トランプ会談が実現している。

政権の枢要なポスト三職に軍人を登用したことでもわかるように、トランプ政権はまさに軍人重用政権と言っていいだろう。この他の軍出身者といえば、**ライアン・ジンキ内務長官**（海軍特殊部隊、五五歳）、**マイク・ポンペオCIA長官**（陸軍将校、五三歳）、**ビンセント・ビオラ陸軍長官**（陸軍空挺師団将校、六〇歳）などがいる。ジェフ・セッションズ司法長官も陸軍に入隊し、予備役となり大尉で除隊している。

朝日新聞系の言論人が「軍人を登用すると戦争をしたがるから危険だ」という趣旨の記事を書いていたが、この人物は事の本質をわかっていない。

そもそも軍隊は何のためにあるかというと、第一は外交交渉を支える力となるためにあるのだ。軍事力の裏づけのない外交交渉はありえないと言っていいからだ。戦後の日本は事実を直視しようとしないが、強い軍隊がなければ強い交渉はできないので

ビンセント・ビオラ〈陸軍長官〉(写真：AP／アフロ)

ライアン・ジンキ〈内務長官〉(写真：REX FEATURES／アフロ)

ある。第二に戦争を起こさせないためである。戦争の抑止力として軍隊が必要なのだ。第三の道として、抑止力が崩れたときには、もちろん戦争をしなければならない。

だから、軍人たちに言わせれば、一番戦争をしたくないのは軍人である。自分の命を危険にさらすだけでなく、軍幹部は部下を死なせることになるからだ。しかし、他国からの侵略に備えて、常に軍隊を備えておかねばならない。国務省が外交交渉に失敗したとき、尻拭《しりぬぐ》いをさせられるのは軍隊なのだ。

戦前の日本で、陸軍の一部が上の命令を聞かずに暴走し、満州国を建設したことなどは、世界の軍隊の動きとしては例外的なケースと考えたほうがいい。とくに、アメリカはシビリアン・コントロール（文民統制）の国だからまったく問題ない。

オバマ政権の国防長官は文民のアシュトン・カーター、安全保障問題担当大統領補佐官は黒人女性で元国連大使のスーザン・ライスである。どちらもエリートだが、迫力が違う。マティスやフリンのような恐い顔が並べば、抑止力が桁《けた》違いに増すのである。

日本にとってもっとも気になる駐日大使はトランプの側近のひとり、**ウィリアム・ハガティ**で決まった。民間のコンサルティング会社（ボストン・コンサルティング・グループ）に勤務していた時代に東京に三年駐在していた人物で、トランプの政権移行チームでは任命ポストの人選責任者を務めていたというから、トランプの信任がことのほか厚いことは確かだろう。日本を重要視している証《あかし》である。

ウォールストリート人脈の取り込み

ウォールストリート人脈をどのように取り込んでいるかも、特筆すべきことであ

ウィルバー・ロス〈商務長官〉（写真：ロイター／アフロ）

スティーブン・ムニューチン〈財務長官〉（写真：ロイター／アフロ）

る。

ウォールストリート出身者としては、財務長官に起用した元ゴールドマン・サックス・パートナーの**スティーブン・ムニューチン**（五四歳）と、商務長官となった投資家の**ウィルバー・ロス**（七九歳）の二人である。

ロスはウォールストリート出身の金融家だが、当初から珍しくトランプを支持したひとりだ。よくユダヤ人に間違えられるが彼はカトリックである。イェール大学卒業後、ハーバード大学ビジネススクールでMBAを取得。ロスチャイルド商会のニューヨーク事務所に就職し、二四年間にわたって勤めている。

その間、ターン・アラウンド（企業再生）・ビジネスのスペシャリストとして名を上げた。

日本では一九九七年にタイヨウ・ファンドを設立し、九九年には大阪の地方銀行である幸福銀行を買収して再建に成功。二〇〇五年から一〇年にかけてニューヨークのジャパンソサエティー理事、一〇年から現在まで会長を務め、資金集めなどに尽力してきた。

二〇一一年に起きた東日本大震災のときには支援基金を立ち上げて、一三八八万ドル（約十三億円）を集めて寄付してくれた。こうした業績が認められ、二〇一四年には天皇陛下臨席の下、内閣総理大臣から旭日重光章《きょくじつじゅうこうしょう》を授与されている。本人は大変、感動したそうだ。

現在はニューヨーク日米協会の会長を務める親日派で、トランプ政権では日本と一番縁の深い閣僚であることは間違いない。おそらく日本の政財界とトランプ政権をつなぐ貴重なパイプ役となるだろう。

ロスに直接会ったことはないが、私の親しい友人のビジネスパートナーがロスである。その友人によると、初めはロスに財務長官就任の打診があったようだ。しかし、ロスは七九歳と高齢で、国際会議に出席するために世界を飛び回らなければいけない財務長官のような激務は無理だと判断したようだ。ロスが財務長官を固辞した後、日本大使の話もあったようだが、最終的に商務長官で決着した。

ムニューチンは、明らかにウォールストリートからトランプ政権に送り込まれてきた人物で、父親の代からゴールドマン・サックスのパートナーを務めてきた人だ。

ゴールドマン・サックスというと、攻撃的でハイリスク・ハイリターンのビジネスをすることで知られ、強欲企業という批判もある。

もともとは、約束手形を扱う小規模な商店を営《いとな》んでいたユダヤ人のマーカス・ゴールドマンが娘婿のサム・サックスの力を得て一九世紀初頭に始めた金融ビジネスがルーツだ。今は株式会社だが、以前は弁護士事務所と同じようなパートナー制だった。二五〇人ほどのパートナーのほとんどがユダヤ人で、リスクをとる株主であると同時に経営者でもあった。

ムニューチンは一九八五年にゴールドマン・サックスに入行した後、九四年にパートナーに昇格。九九年に株式公開したときには他のパートナーたちとともに数百万ドルを手に入れ、大金持ちとなっている。

二〇〇二年に辞めた後は著名な投資家であるジョージ・ソロスのファンドで、新たに創設されたクレジットファンドの運営を担当した。ソロスは今回の大統領選で反トランプの急先鋒だったひとりで、反トランプ陣営に多額の資金を寄付している。

だから、ムニューチンはトランプが勝ったときのヘッジとしてウォールストリートが送り込んできた間者《かんじゃ》とも言えるが、トランプもそれを重々わかった上で、ウォールストリートとのパイプ役として使う腹だろう。

ただし、ムニューチンはCEOのような大物ではない。ブッシュ・ジュニア政権の財務長官だったヘンリー・ポールソンやビル・クリントン政権の財務長官ロバート・ルービンは、いずれもゴールドマン・サックスのCEOであった。トランプ政権にそういった大物を送り込むわけにもいかないので、中堅の人物を送ってきたにちがいない。

ムニューチンはもちろん超がつく大富豪で、ハリウッド映画『アバター』の資金調達をやって儲けたこともあるが、無名なだけでなく、今まで政治色がほとんどなかった人だ。また、個性が強くない、クールな実務家である。

つまり、ウォールストリートは、目立たない中堅レベルで実務家タイプの金融家をトランプ陣営に送り込んできたわけだ。トランプ陣営では資金集めを担当したが、以前は民主党にも献金をしている。

トランプを支持する草の根保守の支持者たちからは「なんだ、ゴールドマンじゃないか」と批判しているが、まあ許容範囲ではないかと私は考えている。ロスとムニューチンの両氏は、ゴールドマンの中ではアメリカ愛国派であり、それゆえにトップになれなかったし、ならなかった人々なのではないかと、私は推察している。

トランプ支持の草の根保守の代表選手が、主席戦略官兼上級顧問の**スティーブ・バノン**（六三歳）である。

バノンはリベラル派からもっとも嫌われたニュースサイト「ブライトバート・ニュース」の前会長で、大統領選挙ではトランプ陣営の最高責任者を務めた。トランプに「大いに毒舌を発揮せよ。ＭＳＭ（メイン・ストリーム・メディア）に嫌われるほど人

スティーブ・バノン〈主席戦略官兼上級顧問〉（写真：ロイター／アフロ）

気が出る」とアドバイスした当人である。おそらく、スピーチの内容や言葉使いなどについても進言し、演出に一役買ったと思われる。

草の根保守のイデオローグであるバノンは、反ウォールストリートの急先鋒でもある。金融規制を緩和しようとするムニューチン財務長官に対する政権内最大の抑《おさ》えがこの人物で、バノンが中枢にいる限り、トランプ政権はウォールストリートの言うがままにはならないにちがいない。

濃厚な反チャイナ色

反チャイナ色が濃厚な点も、きわめて特徴的だ。

たとえば、貿易や通商交渉をするＵＳＴＲ代表に指名された**ロバート・ライトハイザー**（六九歳）は、反チャイナの急先鋒であり、ＴＰＰ絶対反対を主張してきたひとりだ。また不公正貿易相手国に報復関税を課すなど、米企業の為に戦う弁護士として有名な人物だ。

もうひとりの反チャイナが、カリフォルニア大学アーヴァイン校教授の**ピーター・ナヴァロ**（六七歳）である。彼は州立カリフォルニア大学教授であり、新設の国家通商会議の議長に指名された。彼はチャイナとの貿易不均衡はもちろん、知的所有権をはじめ、アメリカの情報や技術を盗んでいるとしてチャイナを攻撃している。それだけでなく、軍事問題でもチャイナを叩けと主張している。著書に『チャイナ・ウォーズ　中国は世界に復讐する』（イースト・プレス）や『米中もし戦わば』（文藝春秋）などがあり、日本語の翻訳本も刊行されている。

一方、駐チャイナ大使には、アイオワ州知事の**テリー・ブランスタド**（七十歳）が就任した。ブランスタドはアイオワ州の下院議員を務めた後、三六歳というアイオワ州史上最年少で知事に就任。途中、大学の学長に就いた時期をはさんで、通算六期にわたって州知事を務めている。

問題は、習近平と親しいことだ。一九八五年に習近平がアメリカに研修に来た際、アイオワ州にしばらく滞在したことから、すでに知事になっていたブランスタドとのつきあいが始まった。習近平が国家主席に就任する前の二〇一二年二月にブランスタットを訪問し、それ以来、ブランスタドは習近平をラオポンユウ（旧朋友）と呼ぶ親密な間柄である。

アイオワ州はチャイナへ農産物を輸出することで潤《うるお》ってきたため、チャイナとの関係はきわめて良好なのだ。

だから、ブランスタドが駐チャイナ大使に決まった直後、「トランプの対中強硬姿勢後退か」というニュースが流れたが、そうではない。

日本人は親しい人を送ることは対チャイナの姿勢を緩めることだと考えがちだが、トランプの交渉術は「バッド・ニュースをグッド・ガイに持っていかせる」、つまり親しい人を送って難しい話をさせるということだ。交渉力のある人物を送ってアメリカの国益のために交渉をさせるのが狙いで、トランプの対中強硬姿勢はいささかも後退していないというのが私の見立てである。

日本にとって要警戒なのが、台湾系アメリカ人で、運輸長官の**イレーン・チャオ**

（六三歳）だ。八歳のときに台湾からアメリカに移住し、ハーバード大学ビジネススクールでMBAを取得。バンク・オブ・アメリカ副社長を経て、運輸省に入省し、ブッシュ・ジュニア政権で運輸副長官や労働長官を務めた。

共和党上院議員で院内総務のミッチ・マコーネルと結婚し、共和党内に強固な人脈を築いている。

台湾の台北《タイペイ》生まれだが、父親は上海《シャンハイ》交通大学で江沢民《こうたくみん》と同級生だった人脈で、海運会社で富を築いたという。イレーン・チャオとマコーネル上院議員の結婚式にはチャイナからも多数が出席したということで、中国共産党との関係があるかもしれない。

イレーン・チャオ〈運輸長官〉（写真：Abaca／アフロ）

徹底した現場主義

そして、徹底した現場主義も、ビジネスマンのトランプならではの人事の特長だ。現場のことを知っている人間をここぞという分野で思い切って登用している。

その一例が、労働長官のアンディ・パズダー（六六歳）だ。

パズダーは大手のファストフード・チェーンであるCKEレストランツ・ホールディングスのCEOで、カールス・ジュニアやハーディーズなどのチェーンを手がけてきた。

選挙中からトランプを支持し、テレビのインタビューなどで「最低賃金の引き上げはレストラン閉鎖の原因となり、逆に労働者が不利になる」と現実的な主張をしてきた。経営者であるパズダーは、労働条件に関する連邦政府の規制に批判的で、労働組合側は当然ながら警戒を強めている。

アメリカのファストフード業界では現在、これまで時給一二ドル（約一二〇〇円）レベルだった最低賃金を時給一五ドル（約一五〇〇円）にする「ファイト・フォー・フィフティーン・ダラーズ（一五ドルへの闘い）」運動が展開されている。カリフォルニア州やニューヨーク市などでは、すでに最低賃金の引き上げが決定された。

こうした動きについて、パズダーは「逆にレストラン閉鎖の原因になる」と警告している。大手のチェーンは持ち堪《こた》えられても、中小零細のレストランのなかには時給を上げるだけで潰れるところも出てくるだろう。

現実的に考えて、最低賃金の引き上げは非常に難しい問題だ。なぜなら、景気が悪くなると、時給一〇ドルでも働きたいという人がたくさん出てくるからだ。労働者を保護するためには最低賃金が必要であるが、市場経済では賃金も需要供給の影響を受けざるをえない。労働者が供給過剰になれば、賃金も安くならざるをえないのだ。

景気が悪くなれば賃金も下がるし、景気が良くなれば放っておいても時給一五ドル以上になるだろう。だから、そもそも政府が規制して最低賃金を決めることに無理があるのだ。

アンディ・バズダー〈労働長官〉（写真：ロイター／アフロ）

ユニークな人選としては中小企業庁長官の**リンダ・マクマホン**（六八歳）がいる。この人はＷＷＥ（世界レスリング・エンターテインメント）というプロレス団体の共同創設者

マイク・ポンペオ〈ＣＩＡ長官〉(写真：ZUMA Press／アフロ)

リンダ・マクマホン〈中小企業庁長官〉(写真：ロイター／アフロ)

で、リンダの夫であるビンス・マクマホンはトランプと交流があり、ＷＷＥのイベントにトランプが参加して会場を盛り上げたことが何回かある。

過去にコネチカット州で連邦上院議員選挙に二回出馬したが、二回とも落選している。リンダについて、トランプは「素晴らしい経歴の持ち主で、世界中の企業に助言を行なっている女性経営幹部の代表格だ」と賞讃している。

このほか、トランプ政権の特徴として、キリスト教保守色が強いことも挙げられるだろう。

カンザス州選出の下院議員でＣＩＡ（中央

ジェフ・セッションズ〈司法長官〉（写真：Abaca／アフロ）

情報局）長官に就任した**マイク・ポンペオ**（五三歳）は、ハーバード大学ロースクール出身の弁護士だが、陸軍士官の経験がある。福音派のクリスチャンで、ティーパーティー運動のメンバーでもあり、中絶やＬＧＢＴ（レズビアン・ゲイ・バイセクシュアル・トランスジェンダー）に反対している。また全米ライフル協会の終身会員でもあり、非常にわかりやすい「超」保守派である。

　アラバマ州選出の上院議員で司法長官の**ジェフ・セッションズ**（六九歳）は、共和党最右派で、元アラバマ州の司法長官である。陸軍予備役で陸軍大尉で除隊している。

　人種差別主義者だと黒人ロビーなどから非難されたが、これは悪質なプロパガンダで、犯罪に厳しい態度で臨《のぞ》むため、黒人の犯罪者に対しても同様に厳しく対処しただけのことである。

連邦検事時代にはアラバマ州の公立学校での人種差別撤廃に力を尽くすとともに、白人至上主義の秘密結社であるKKK（クー・クラックス・クラン）の幹部を死刑に追い込み、アラバマ州のKKK組織を解体に至らしめている。

犯罪に厳しいセッションズが司法長官になったことで、ヒラリー・クリントン訴追の可能性が残ったと私は見ているが、はたしてどうだろうか。

パリ協定よ、サヨウナラ

オクラホマ州の司法長官だった**スコット・プルイット**（四八歳）が環境保護局（EPA）長官になった。

トランプは、選挙期間中からCO2による地球の温暖化はインチキであり、パリ協定から離脱することを主張してきたが、プルイットの長官就任でその方針がはっきりしたことになる。パリ協定というのは、二〇一五年にフランスの首都パリで採択されたCO2抑制に関する多国間の国際的な協定のことだ。

オクラホマ州はノースダコタ州などと並んで、シェールガスやシェールオイルが大量に埋蔵されている主要生産地だ。

共和党はもともと、環境保護を理由にアメリカ経済を弱くしてきたのはオバマ政権だとして批判してきた。司法長官のプルイットはその急先鋒のひとりで、過剰な環境保護政策によって、シェールガスやシェールオイルが掘れないのは困る、と主張。オバマ政権が推進してきた大規模な環境規制に反対し、州政府の監督権限を取り戻すことを目指して戦ってきた。

スコット・プルイット〈環境保護局長官〉(写真：ロイター／アフロ)

アメリカでは常に州政府と連邦政府間の権限争いが行なわれており、民主党やリベラル派は連邦政府の権限を強める方向に、共和党や保守派は州政府の権限を取り戻す方向に努力してきた。

プルイットをEPA長官に起用したことは、トランプの選挙公約であったエネルギー産業の規制緩和を進めるという方針に沿ったものだ。プルイットはインタビューに対し、

「オバマ政権の下で石油産業や石炭産業が大打撃を受けたので、これを何とか逆転しよう。環境保護局の規制により、数十億ドルの経済的損失が生じていることにアメリカ国民はうんざりしている。責任ある環境保護と企業の自由の双方を促進するようにＥＰＡを運営していくつもりだ」と話した。

地球は過去三〇〇年間にわたって少しずつ温暖化されてきたが、それは人間の営みとは無関係で、いわば自然の摂理だ。

たとえば、氷河に覆《おお》われているグリーンランドは七〜八世紀の頃、草木が茂った土地だったためにグリーンランド（緑の大地）と言ったのだが、その後の寒冷化に伴い、氷の島になった。それが、この三〇〇年の温暖化で再び元の姿へと戻りつつあるのだ。

むしろ長期的に見ると、これから次第に寒冷化が進む。だから、寒冷化を緩和するためにＣＯ２を積極的に排出したほうがいいくらいだ。

それは、大気を汚染するということではない。窒素《ちっそ》酸化物や硫黄《いおう》酸化物の排出は規制しなければならないが、ＣＯ２は元来、大気中に含まれているものであり、太陽や水とともに光合成の原材料でもある。だから、ＣＯ２を増やせば、植物の成長が促進され、その分、食糧増産にもつながることになるのである。

第四章

アメリカン・ドリームが復活する

有権者と「契約」したトランプ

トランプは当選後、選挙の応援をしてくれた有権者にお礼をするために全国を回る「サンキュー遊説」を展開した。

このうち、オハイオでは大群衆を前に「サンキュー・オハイオ、アイラブ・オハイオ」と演説し、熱狂的な声援を受けた。

オハイオ州は常に共和党と民主党の勢力が拮抗《きっこう》し、選挙結果が揺れ動くスイング・ステートのひとつで、オハイオを制した候補が大統領になると言われる要《かなめ》の州である。今回の大統領選挙で、トランプはオハイオで十ポイントほどの差をつけてヒラリーに勝利し、大統領の座を勝ち取った。

トランプは大統領当選後、インターネット上に「ドナルド・トランプのアメリカ有権者との契約」を公表した。大統領就任後の一〇〇日間に断行する政策を記したもので、トランプ本人の地震波形のようなユニークなサインが記してある。

誰でもダウンロードできるようになっていて、「これはあなたとの約束だ。あなたもここにサインして送ってくれ」と呼びかけている。

★ ★ ★ ★ ★

Donald Trump's Contract with the American Voter

What follows is my **100-day action plan to Make America Great Again.**
It is a contract between myself and the American voter—and begins with restoring honesty and accountability, and bringing change to Washington.
On the first day of my term of office, my administration will immediately pursue the following:

Six measures to clean up the corruption and special interest collusion in Washington, DC:

★ **FIRST**, propose a constitutional amendment to impose term limits on all members of Congress.

★ **SECOND**, a hiring freeze on all federal employees to reduce the federal workforce through attrition (exempting military, public safety, and public health).

★ **THIRD**, a requirement that for every new federal regulation, two existing regulations must be eliminated.

★ **FOURTH**, a five-year ban on White House and Congressional officials becoming lobbyists after they leave government service.

★ **FIFTH**, a lifetime ban on White House officials lobbying on behalf of a foreign government.

★ **SIXTH**, a complete ban on foreign lobbyists raising money for American elections.

Seven actions to protect American workers:

★ **FIRST**, I will announce my intention to renegotiate NAFTA or withdraw from the deal under Article 2205.

★ **SECOND**, I will announce our withdrawal from the Trans-Pacific Partnership.

★ **THIRD**, I will direct the Secretary of the Treasury to label China a currency manipulator.

★ **FOURTH**, I will direct the Secretary of Commerce and U.S. Trade Representative to identify all foreign trading abuses that unfairly impact American workers and direct them to use every tool under American and international law to end those abuses immediately.

★ **FIFTH**, I will lift the restrictions on the production of $50 trillion dollars' worth of job-producing American energy reserves, including shale, oil, natural gas and clean coal.

★ **SIXTH**, lift the Obama-Clinton roadblocks and allow vital energy infrastructure projects, like the Keystone Pipeline, to move forward.

★ **SEVENTH**, cancel billions in payments to U.N. climate change programs and use the money to fix America's water and environmental infrastructure.

Five actions to restore security and the constitutional rule of law:

★ **FIRST**, cancel every unconstitutional executive action, memorandum and order issued by President Obama.

★ **SECOND**, begin the process of selecting a replacement for Justice Scalia from one of the 20 judges on my list, who will uphold and defend the U.S. Constitution.

★ **THIRD**, cancel all federal funding to sanctuary cities.

★ **FOURTH**, begin removing the more than two million criminal illegal immigrants from the country and cancel visas to foreign countries that won't take them back.

★ **FIFTH**, suspend immigration from terror-prone regions where vetting cannot safely occur. All vetting of people coming into our country will be considered "extreme vetting."

continued on the back

Donald J. Trump

Your signature

LEARN MORE AT
donaldjtrump.com/contract

「ドナルド・トランプのアメリカ有権者との契約」（本人HPより）

大統領当選後に選挙公約を再度示し、有権者と中身を確認するのは歴代のアメリカ大統領のなかでもトランプが初めてで、前代未聞のことである。

もちろん、公約を全部実行するのはとうてい無理だろう。公約のなかで一番大事なのは、やはりアメリカの景気を良くして雇用を確保することだ。

アメリカは失業率が四・九パーセントとされてかろうじて五パーセントを切っているが、実際の失業率は一〇パーセントを超えているのではないかと推測されている。というのも、あまりに不況が長く続いたために、働くことをあきらめてしまった人がたくさんいるからだ。

たとえば、四〇代で失業し、再就職しようと試みたけれども、どこにも採用されなかったので「もうオレには働き場所がない」と就職をあきらめ、福祉に依存して生活している人も数多くいると見られる。家庭の主婦でも、もう一度働きたいと思っても職が見つからず、あきらめている人が多数いるだろう。そういう潜在的な失業者を含めると、アメリカ人の一〇人に一人が失業していると推測されるわけだ。

アメリカの人口は約三億一〇〇〇万人だが、政府から支給されるフード・スタンプ

（食品クーポン券）を受給している人が四三〇〇万人もおり、鰻《うなぎ》上りで増えている。食品の支給を受けないと生活できない人が、七人に一人いるということだ。

だから、トランプ政権が景気を良くして雇用を増やし、国民が「生活が楽になった」と感じたら、四年後に二期目のトランプ政権がスタートするにちがいない。

レーガンは初当選したときの大統領選挙で、優位とされた民主党の現職ジミー・カーターと戦ったが、選挙戦でこう訴えた。

「有権者の皆さん。アメリカ市民の皆さん。四年前と比べて生活は良くなっていますか。良くなっていると思った方はカーターに入れてください。良くなっていないと思った方は私に入れてください」

レーガンが勝ったのは、不満を持っていた国民がそれだけ多かったからだ。レーガンは、二期目も同じ呼びかけをして選挙で勝っている。この戦略が見事に功を奏したわけだ。

好景気とともに社会の治安が保たれ、大きな戦争に巻き込まれないことも重要だ。

ヨーロッパのように大量の難民が流入して住みつき、集団強姦事件を起こすような事態になったら、国民の怒りは政府に向かう。トランプは法と秩序を重視すると言っており、不法移民には特に厳しい態度で臨むことになるだろう。

アメリカにとっての及第点はどこにあるか

共和党・民主党を問わず、アメリカの歴代大統領でいまだに人気があるのが、共和党のレーガン大統領である。

レーガンは俳優だったこともあり、誰も不愉快にせず、誰からも好感をもたれるジェントルマンだった。いつも明るく前向きで、責任感がある。アメリカ人の理想に近い、稀《まれ》に見る人物だったと思う。

アメリカ人の多くが、レーガンが大好きで、レーガン・デモクラット（レーガン支持の民主党員）という言葉があったくらいだ。民主党員なのに、大統領だけは共和党のレーガンを支持する人たちを指す言葉だ。

そうしたレーガン個人の人気とは別に、「レーガン時代は良かった」という印象が今のアメリカ人には色濃く残っている。

レーガノミクスで規制緩和をやり、アメリカ経済は復活した。結果的に貧富の差が広がった側面もあるが、当時はＩＴ産業の勃興期でアメリカの経済に活気が出てきた時期だった。そして、ソ連の社会主義システムがダメだという結論が出たのも、レーガン政権の終わりに近い一九八八年頃だった。

民主党のクリントン政権になると、ＩＴバブルが起きたものの、結局バブル崩壊に至ったため、クリントンの時代が良かったという印象はあまりない。やはりレーガン時代が良かったという感覚を、多くのアメリカ国民が持っているのである。

そもそも、選挙中言い続けてきた「アメリカを再び偉大な国に」というトランプのスローガンは、一九八〇年の大統領選で勝利したレーガンの標語だった。レーガンの大統領就任演説には「交渉し、献身するが、屈服はしない」という有名なフレーズがあるが、これをそのまま話法に取り入れているのがトランプである。

民主党のオバマ政権は、さまざまな課題に対して、ほとんど有効に対処できない政権だった。オバマは「チェンジ」を掲げて大統領になったが、掛け声だけでチェンジはあまり起きなかったというのが現実だ。

たとえば、黒人の生活は良くならず、人種問題はむしろ悪化した。黒人であるオバマが大統領になったこと自体が「黒人でも大統領になれる」ことを示したという意味で、アメリカで人種問題が解決したシンボルであるはずだった。ところが、実際には黒人たちと警察の間で騒乱事件があいつぎ、アメリカでいまだ黒人差別が片づいていないことを世界に知らしめた。

オバマは黒人の大統領として国民の融和を図《はか》るアクションを取るべきだったが、「自分は黒人だから黒人の味方はできない」と変な方向に自制する傾向があり、黒人にも白人にも不満が残ったのである。

オバマケアと呼ばれる国民皆保険を実現したが、払うべき保険料が二〜三倍に高騰した人も多かった。中産階級でも保険の料金が満足に払えない人々が続出した。国民の不満がここでも噴出した。

ヒラリー・クリントンは、国務長官時代に機密情報を私用メールでやりとりしていたことがバレてFBIに捜査され、それが大統領選においてかなりのマイナス・イメージになった。しかし、それだけで選挙に負けたのではない。そもそもオバマ政権がこれだけ不評を買っているのに、民主党候補として大統領選に勝つこと自体がきわめて難しいことだったのだ。オバマの推薦を受けて、その失敗した政策を継承するというのでは人気が出るわけがない。

トランプはビジネスマンとしてはビッグであり、財界人としてはエスタブリッシュメントであるが、政治家としてはまったくのアウトサイダーである。レーガンとは違って、他人に嫌われることを厭《いと》わないファイターであり、本当のことを言うストレート・トーカーでもある。ある意味で、憎まれ役を買って出たとも言えるかもしれない。

ただ、トランプを「政治の素人《しろうと》」と決めつける非難は、私は間違いだと思う。というのは、トランプは長年にわたって民主党・共和党を問わず、政治家たちを支援し、いわば「政界のタニマチ」をやってきているからだ。一時はヒラリー・クリントンにも献金をしていたのだ。

中堅の議員などよりも、政界の深層に詳しく、政界のウラのウラまで知り尽くしていると言ってよい。人事や利権のウラもわかった上で、アメリカの衰退を見かねて

「これではどうしようもない。オレがやる」と一念発起《いちねんほっき》して表に出てきた男である。トランプは「自分が主人公のアメリカン・コミックを描いている」と言っている。アメリカ復活の偉大な物語が始まろうとしている。

トランプノミクスの真髄《しんずい》

トランプの経済政策をトランプノミクスと名づけることにする。

トランプノミクスは基本的にレーガノミクスに近いが、国内のインフラ大整備を行ない、保護主義を取るところが異なっている。

レーガン大統領が実施したレーガノミクスは、財政均衡を先送りにして財政出動をすると同時に大減税し、大軍拡も実施するというもので、極端に言えば、史上最大級のケインズ政策の断行と言ってもよい。

当時はちょうど東西冷戦の最中で、ソ連に勝つことが目標とされたが、レーガンが大統領に就任した二年前の一九七九年にイランのアメリカ大使館を占拠されて人質を取られる事件も起きており、強いアメリカの再建が最大の課題であった。レーガノミクスの成功で景気が良くなり、貿易赤字で国外に流出したドルがアメリカに投資しようとアメリカに還流《かんりゅう》してきたが、ドルが強くなりすぎて逆に弊害が出てしまった。

このため、一九八五年にニューヨークのプラザホテルで開催された先進五カ国（G5）蔵相・中央銀行総裁会議でドル高を是正するプラザ合意が行なわれ、一ドル二五〇円だったドルは一気に一ドル一五〇円まで急落した。八七年には株価が暴落するブラックマンデーが起きたが、日本だけはさらにアクセルを踏んで経済を吹かし続けた結果、バブル景気が過熱し、八九年の暮れにバブル経済の絶頂を迎えたのだった。その後のバブル崩壊は周知の通りである。

結論として、レーガノミクスは景気を良くしたが、ドルが強くなりすぎて行き詰まったと総括することができると思う。それをプラザ合意でドル安にもってゆき、それが更なる成長を可能にした。

トランプ大統領がやろうとしているトランプノミクスも、財政均衡を先送りにして財政出動すると同時に大減税し、大軍拡を実施する点で、レーガノミクスとまったく同じと言っていい。オバマ政権時代に規制強化しすぎたところは規制緩和し、国内需要を喚起するところも同じで、レーガノミクスⅡという印象が強い。

一方、トランプが「アメリカ・ファースト」、つまり国益第一を掲げているところはレーガンと違うところだ。また、ロシアと組んでISを壊滅させようというトランプは、西側諸国と同盟を結んでソ連と対峙したレーガンとは大きく異なっている。トランプノミクスも、おそらくレーガノミクスと同じ結果を招くのではないかという危惧《きぐ》がすでにある。現在は一ドル一一四円（二〇一七年一月一三日現在）というレベルなので、プラザ合意の頃とはレベルが違うが、為替《かわせ》のダイナミズムとしては似たようなことが起こるにちがいない。財政規律を緩《ゆる》めるとドル安になるはずだが、好景気がドルを世界中からアメリカに呼び込むのでドル高傾向になってしまうのだ。

極端なドル高になったとき、アメリカはどう出るか。レーガン時代のように先進諸国と話し合って為替を調整することは今はできない。G20などの枠組みで競争力を強化し、通貨の切り下げを行なわないことで、先進諸国が繰り返し同意してきているからだ。アメリカもこれまで同意してきたのだから、自分のところだけ通貨を安くしてくれと言っても、先進諸国はアメリカの勝手な言い分を聞かないだろう。そこで保護主義に舵を切ることで、貿易赤字をある程度、止めることはできる。

トランプの切り札は、シェールオイルとシェールガスである。国内の石油や天然ガスを掘ることによって景気を良くする政策を展開することは充分可能だ。

アメリカはかつて国内で消費する石油の半分を外国から輸入していたが、石油の完全自給国になるばかりか、輸出国になるかもしれない。石油を買う分の対外支払いがなくなり、むしろ稼ぎが増えるのだから、国内のマネー循環が活発になり、経済が拡大して雇用も増えるだろう。アメリカの好景気は長く続くことになるだろう。

そもそも、アメリカはドルが強いことで持っている国である。輸出で稼いでいる国は、通貨が強くなりすぎると国内の輸出産業が打撃を受ける。しかし、アメリカは輸出で稼いでいる国ではないので、経常収支が赤字でも外国に流出したマネーが再投資されてアメリカに還流してくる。このマネー循環があるからアメリカ経済は持っているのであり、ドルが世界の基軸通貨として通用しているわけだ。

逆に言えば、基軸通貨の地位を守るためにはドル高、つまりドルが強くないとダメなのだ。ドルが安くなると、外国に流出したマネーが再投資されてアメリカに還流して来る仕組みが崩壊し、アメリカ経済は持たないのである。
だから、国内のインフラ再整備で景気を良くし、シェールオイルとシェールガスを開発して国内の需要を喚起するとともに、保護貿易に舵を切ることで、アメリカ経済を活性化しようというのがトランプノミクスの真髄である。

アメリカ・ファーストの本当の意味

二〇一六年一二月に、日本保守連合（JCU）が主催して「トランプ新政権の『新日米関係』を聞く」というシンポジウムが開かれた。日本保守連合は共和党系の組織であるアメリカン・コンサーヴァティブ・ユニオン（アメリカ保守連合）の日本版である。

このシンポジウムで講演したアメリカ国際貿易委員会のスコット・キーファーは「自由貿易が万能ではない。タリフ（関税）は悪いものではない」という微妙な言い回しを使って、トランプ政権の保護貿易主義の方針に言及した。

キーファーによると、アメリカ合衆国が建国した当時は、所得税すら設けられていなかった。このため、税収不足が深刻で、建国後の一〇〇年ほどアメリカ連邦政府の主たる収入源は関税だった。ヨーロッパに比べて発展が遅れている国内産業の保護育成とともに、輸入品に関税をかけることによってアメリカは救われたのだという。

キーファーはアメリカ建国当時の話をすることで、「トランプ政権は保護主義で関税を利用する」「自由貿易一辺倒から舵を切る」ということを、いわば間接話法で私たちに伝えたのだ。

トランプがアメリカ・ファーストを掲げて保護主義を主張しているのは、言い換えれば、生産過剰の問題を輸出によってではなく、国内循環で解決しようということだ。

たとえば、台湾のように人口二四〇〇万人の島国なら、国内マーケットが小さいので輸出に活路を求めるしかない。しかし、アメリカの場合、国内市場が世界一豊かなマーケットなのだから、輸出は経済政策の柱ではない。国内循環で豊かになるなら、貿易が赤字でも問題ないのだ。

トランプは保護主義を掲げたが、保護主義だけで経済が発展するわけではない。アメリカではFRB（連邦準備制度理事会）が進めている低金利政策に加え、大胆な財政出動をして需要を喚起しないと経済は発展しない。

そもそも資本主義には、根本的な問題がある。それは供給過剰、逆に言えば需要不足の問題である。近代以降の歴史が教えるところ、大不況は生産過剰から生じるのだ。

人類の歴史のなかで、近代以前には、生産過剰が問題を引き起こしたことはない。資本主義経済以前は、生産不足が主たる問題だった。食べ物を作る能力が低かったため、人類は常に飢餓《きが》に苦しめられてきたのだ。

ところが、資本主義経済になって人類は初めて生産過剰を経験し、さまざまな問題を引き起こしてきた。マーケットで言えば、供給過剰・過少需要で、需要と供給のギャップを上手にバランスしなければならないわけだ。供給サイドで生産調整をするという選択もあるが、これだと失業が増大し、経済が縮小再生産の悪循環に陥《おちい》ってしまう。基本的には需要を増やすことが最大の課題であり、それが景気を良くすることである。

だから、トランプは財政赤字覚悟で財政出動をやり、景気を良くする政策を展開するのだが、これはすでに触れたようにケインズ主義に他ならない。財政赤字が増えても、経済成長が起きれば、拡大再生産の波によって国内循環が良くなり、税収も伸びる。そうなれば、結果的には国のGDPに対する赤字の比率は下がっていく、という理屈である。

財政出動をせずに保護主義だけやっても、縮小再生産になってしまえば、景気も良くならないのだ。

問題は、景気が良くなっても、稼いだ利益がザルで水を掬《すく》うように国外に流出してしまえば元も子もなくなってしまう。いくら稼いでも、そのお金で外国の安い品物を買っていたら、アメリカの景気は良くならない。だから、ザルの網目を塞《ふさ》ごうというのが保護主義の考え方だ。

トランプは一九三〇年代のように、自由貿易を否定したブロック経済に戻ろうとしているのではない。国益に反するような自由貿易の行き過ぎを是正して、適度な保護主義でいこうというのがトランプ流の経済政策である。

トランプ政権はオバマ政権が強化してきた環境保護規制を緩和・撤廃し、アメリカ国内の石油や天然ガス、またシェールオイルやシェールガスをガンガン掘ろうとしている。オバマ政権が環境規制によって国内のビジネスを封じ込め、アメリカのポテンシャルを押さえつけてきたのはけしからんというわけだ。

石油や天然ガスの仕事は、それまで野原や砂漠だった場所に大きな町ができ、国内の雇用が増えるだけでなく、従事する労働者の高収入が望める。

シェールオイルやシェールガスの埋蔵量は、二〇〇年は優《ゆう》に持つと言われているが、掘削《くっさく》した一本の油井《ゆせい》は三年ぐらいで半減し、五年ぐらいで枯渇《こかつ》する。つまり、一本の油井の耐用年数が短いので、次から次へと新しい油井を掘削していかねばならない。需要が創造されていくわけだ。また、これまでと違った非従来型のシェールガスの掘削も進められている。

トランプ政権がスタートしてシェールオイルやシェールガスを含む石油や天然ガス開発の事業が拡大すると、アメリカの景気はさらに上昇し、世界一儲かる市場としてアメリカが復権する可能性が高い。

トランプ自身の出身業界である不動産業や建設業、ホテル業なども、大いに活況を呈するだろう。外国にお金が出ていかずに国内で還流するため、アメリカ経済は大いに活性化することになる。

もちろん、あまりドル高になると輸出産業が利益を減らし、政府の貿易収支が赤字になる。その点は困りものだが、世界中のお金が還流してくることによって、アメリカ国内のマーケットが拡大して景気が良くなるということは、アメリカにも世界にもいいことなのだ。

アメリカが抱えるふたつの矛盾

トランプが大統領に当選した背景には、アメリカが抱えるふたつの矛盾がある。ひとつは心理的な要素で、もうひとつは経済的な要素である。

心理的な要素というのはPC（ポリティカル・コレクトネス）、つまり「政治的に正しい言葉遣い」に対する反発である。これは言い換えればWG（ホワイト・ギルト）＝白人の罪への反発である。

ＰＣは、アメリカ社会を蝕《むしば》んでいる。これによって多くの国民が口を噤《つぐ》むようになり、本音が言えなくなってしまっているのだ。

一番いい例が、「メリー・クリスマス」という挨拶だ。日本人なら誰でも言う、このありふれた言葉がアメリカでは使えなくなっているのだ。ユダヤ教徒やイスラム教徒らを配慮して、大きな店のディスプレイには「メリー・クリスマス」と書かないことがスタンダードになってしまった。その代わりに「シーズンズ・グリーティングズ」（季節のお祝い）と書かれているが、何のことだかよくわからない。

日本で言えば、キリスト教徒やイスラム教徒がいるから、ひな祭りや端午《たんご》の節句のお祝いを自制しようというようなものだ。

トランプはＰＣに激しく反発し、テレビ番組で「メリー・クリスマスと言おうよ」と訴えた。マスコミから叩かれながらも「デブはデブ」「ブスはブス」と平気で言い、急に太ったミス・ユニバースを「ミス・ピギー（子豚ちゃん）」と呼んでいた。このトランプの反ＰＣは、ある意味で、アメリカ人のギスギスした鬱屈《うっくつ》感を吹き飛ばす、晴ればれとした効果があったと思う。

ＰＣはもともと、黒人をブラック・アメリカンと言わずにアフロ・アメリカン、つまりアフリカ出身のアメリカ人と呼んだり、原住民であるインディアンをネイティブ・アメリカンと呼んだりして、呼称を変えるところから始まっている。

その後、未婚者をミス、既婚者をミセスという表現を改めてミズに統一したのもＰＣの一種であり、最近はミスターとミズを分けるのも男女差別でよくないということでＭＸと表現するようにまでなっている。

日本でも盲人という言葉を「目の不自由な人」と言い換えたり、大工や八百屋という昔からの呼称を蔑称《べっしょう》だとして使わないというのは日本版ＰＣだ。差別を敵視するあまり言葉狩りが広がってしまったのだ。

そういう行き過ぎの風潮に対し、中産階級の白人たちが「それはおかしいだろう」という思いを募《つの》らせていたところに、トランプがあえて非難されるような表現を使い始めたわけだ。リベラル派やマスコミの激しい批判にさらされたが、叩かれれば叩かれるほどトランプ人気は高まった。逆に言えば、敵に自分を叩かせ、それに屈せずに戦うことで人気を得てきた悪役レスラーみたいなものだ。逃げも隠れもしないので、草の根の人たちから熱狂的な支持を得たのだ。

ホワイト・ギルト「白人の罪」というのは、この世に差別が蔓延《まんえん》しているのはそもそも白人文明の罪であるという意識のことだ。

この五〇〇年にわたって世界を支配し設計して来た白人が、差別を作り出し固定化して来た。だから、白人であること自体が罪であるという原罪意識なのである。

WG（ホワイト・ギルド）が非常に強かったのが、オバマ大統領である。もちろん口に出して言わないが、あるオバマ研究によると、オバマは白人文明が植民地主義や奴隷貿易を生み出してきたという歴史観を持っているらしいのだ。

アメリカが抱えるもうひとつの矛盾は経済的な要素で、一言で言えば中産階級の崩壊だ。

アメリカが過去三〇年以上にわたって自由貿易を推進した結果、企業が低賃金国に移転し、雇用が失われてしまった。その結果、かつてアメリカン・ドリームを体現し、成功者だった中産階級が崩壊したのだ。

その自由貿易とは何かと言えば、実態は新しい奴隷貿易である。かつてのように奴隷をアメリカに連れてきて働かせてはいないが、相手国に行ってその国の人間を低賃金で働かせているという意味で、自由貿易という名の奴隷貿易ではないのか、というわけだ。

たとえば、チャイナでは労働者の賃金がアメリカの十分の一で済むので、確かに安く製品ができるが、そのためにアメリカの良質な仕事がどんどん流出してしまった。

では、チャイナの労働者はどのような環境にあるかと言えば、基本的な人権がなく、言論の自由もない。労働者の権利も認められておらず、強制収容所で働かされているような状況になっている。言ってみれば、中国共産党は西側の資本に奉仕する、最高の労務管理者なのだ。

アメリカや日本などの先進諸国には労働基準法や最低賃金法があるが、チャイナや新興諸国では基本的な労働条件すら定められていないのが実情だ。

そうであるとすれば、グローバル経済を標榜する自由貿易自体が間違っているのではないか。

経済学で定義される本来の自由貿易は、双方が近代的な法治国家で労働者の権利が守られ、賃金レベルが同程度の国家間で成り立つものであり、その基本的な条件すら整わない国を相手に自由貿易が成り立つわけがない。

そして、自由貿易と称してボーダーレス化を無制限に進め、チャイナなど低賃金国の労働者に奴隷労働をさせて儲けてきたのが前述したように、多国籍企業・無国籍企業である。

アメリカをかつて支えて来た白人の中産階級を崩壊させたのは無国籍企業であり、そこから巨額の資金を得て大統領選に出て来たのがヒラリー・クリントンだったわけだ。（拙著『トランプ革命で復活するアメリカ』（勉誠出版）P7〜p13参照）

トランプが叶《かな》えるアメリカン・ドリーム

アメリカン・ドリームというと、マイケル・ジャクソンのように成り上がって世界的なスターになって巨万の富を得るというイメージがあるが、本来の意味は違う。

すでにこの本の序章で述べた事だが、高卒で特別な技能や資格がなくても働き場所があって、日本の大卒会社員並みの報酬を得て、庭つき一戸建てのマイホームに住むことができるというのが、本来のアメリカン・ドリームである。彼らは週四〇時間の労働で、週末は家族と楽しく過ごすのだ。

三〇年ローンを組んでマイホームを購入すると、ちょうどリタイアする頃に一戸建ての家が自分の資産になる。その家を売り払えば、夫婦二人で老人ホームで静かに晩年を過ごすこともできる。まさに、ハッピー・リタイアメントである。住宅が最大の資産である。これが、アメリカ人の豊かさの秘密のひとつだったのだ。

一方、日本では高卒が上京して会社員になっても、一戸建ての家を持つのは難しい。無理をして三〇年ローンで家を購入しても、古い家は資産価値が低いために老後を支える資産にはならない。それだけ、アメリカと日本の勤労者の生活には、クオリティーの違いがあったのだ。

アメリカン・ドリームが実現できた一九五〇〜六〇年代は、まさにアメリカの黄金時代であった。フォードやGM、ボーイングなどアメリカ国内の製造業が隆盛で、労働者たちは高い賃金を得ていた。その賃金で旺盛《おうせい》に物を買い、アメリカ国内でマネーが好循環していたのである。

その昔、フォードイズムという言葉があった。アメリカが誇った自動車メーカーのフォードでは、自社の工場で働く労働者には、月賦でフォードの車を買えるだけの賃金を支払う、ということだ。フォード・モーター創業者のヘンリー・フォードは共産主義を極端に嫌っていたが、反共主義の実践として自社の賃金体系を作り上げたわけだ。

ところが、一九七〇年代に入るとこうした黄金時代は音を立てて崩れてしまった。一九七三～七四年に第一次オイルショック、七九年に第二次オイルショックが起き、アメリカ経済は大混乱に陥った。この間、七五年には米軍が撤退してベトナム戦争が終わっている。アメリカにとっては、ベトナム戦争は精神的のみならず、経済的にも大きな痛手であった。こうして、アメリカが落ち目になり、停滞している時期に現われたのが、レーガン大統領であったのだ。

映画監督のマイケル・ムーアが映画を通して問題提起してきたのも、このアメリカン・ドリームの喪失というテーマである。

ムーアの父親は、ＧＭに勤めていた。町にはコミュニティがあり、休日にはみんなで一緒に野球をやったり食事をしたりして楽しい少年時代を過ごしたという。一九五〇〜六〇年代のアメリカは最高だったのに、なぜこんなになってしまったのか。誰がアメリカを悪くしたのかというのが、一貫したムーアのテーマだ。

ムーアは伝統的な社会主義に共鳴している人物だが、トランプは反ボーダーレス経済のプロテクショニズム（保護主義）を掲げて、アメリカの現実を変えていこうとしている。目指すのは、高卒でもまじめに働けば、一戸建ての家を持てる、かつてのアメリカン・ドリームの復活である。

トランプは最近のアメリカの政治家で、保護主義を前面に掲げた唯一の政治家である。というのも、アメリカだけでなく資本主義経済のなかで、自由貿易は金科玉条《きんかぎょくじょう》のように掲げられてきた、疑うべくもない大原則と考えられていた。

ノーベル賞を受賞した経済学者のジョセフ・スティグリッツ、コロンビア大学教授が検証したところ、アメリカ政府にとっても、労働者にとっても自由貿易はマイナスでしかなかった。自由貿易に関して、リベラルなスティグリッツの結論とトランプの結論は一致しているのだ。

トランプは「アメリカの労働者を守って何が悪い」と開き直って保護主義を掲げ、自由貿易の神話を突き破ったのである。

まさに、コロンブスの卵であった。

規制と緩和のバランスをどう取るか

トランプの経済政策がうまくいくかどうかの鍵となるポイントのひとつが、ウォールストリートとの妥協、つまり金融規制と緩和のバランスをどう取るかということだ。

アメリカで今一番重要な金融規制は、二〇一〇年に議会を通ったドッド＝フランク法である。このなかで、普通の銀行が一般人から集めた預金を使って証券会社のようなリスクの高い投資をすることを禁じたのがボルカー・ルールで、いわば一番重要なファイア・ウォール（防火壁）の役割を果たしている。

もうひとつ、金利スワップの取引を透明化するルールも重要だ。

金利スワップは、変動金利の債務を持つ者と固定金利の債務を持つ者が、金利の支払いを相互にスワップ（交換）する取引のことで、いわゆるデリバティブの一種である。ところが、金利スワップはこれまで相対《あいたい》取引だったので、どういう取引をしているのかが不明だった。

たとえば、株式を東京証券取引所で買えば公明正大で、誰がどの株式をいくらで購入し、取引額がどれだけになったかがわかる。一方、相対取引というのは取引所を通さずに買い手と売り手だけでする取引で、価格も取引額も公表されなかった。

金利スワップは取引高が巨額になるため、株式と同じように取引所を経由して取引を透明化するルールを導入したのである。その結果、金融全体のリスク管理が容易《たやす》くできるようになった。金利スワップは債務かくしの「とばし」に使われやすい仕組みである。

トランプ政権も、このふたつのルールは守らなければならない。もしこれらのルールを撤廃するようなことになると、バブルを生んだルールなしの無法金融取引となり、金融市場の安定性を損《そこ》なうことになる。そしてリーマン・ショック以上の金融崩壊となってしまう。

このふたつのルールさえ守れば、あとは金融規制を多少緩和したほうが、中小零細企業の経営にとっては好ましいかもしれない。

共和党の綱領《こうりょう》には金融規制の廃止が書かれてあるが、トランプの政権移行チームの政策を精査すると、廃止するという主張は出ていない。中小零細の金融機関に対する規制には行きすぎた部分があるので緩和したほうがいいが、一番大事なボルカー・ルールについては廃止するとはトランプは一言も言っていない。

トランプ政権は目下《もっか》のところ、金融規制については部分的な手直しをすると言っているので、ヘッジファンドが望むような、完全な規制の撤廃はないと私は見ている。

トランプ政権のなかには、金融規制の緩和を進めようという人も、ドッド・フランク法の廃止に絶対反対を唱えている人もいて、両者のバランスをうまく取って政権を運営していく、つまり両頭立ての馬車を操って行くのがトランプ流である。

馬の手綱《たづな》を操って、その時々でバランスを取りながら馬車を走らせる御者は、もちろんトランプ自身である。

暗殺には気をつけろ

トランプノミクスによってアメリカの景気は良くなると思うが、同時に財政赤字が膨れ上がるので、それを国民にどう説明するかが大きな課題になって来る。

これをうまくやるには、実は、奥の手がある。政府発行通貨である。資金を市場から調達するのではなく、連邦政府が通貨を発行するのだ。ご存じのように、連邦準備制度法ができて連邦準備銀行が誕生し、通貨を独占的に発行できるようになったのは一九一三年以降のことである。それまでは通貨発行の権利の歴史は連邦政府と州と銀行との戦いの歴史であった。

アメリカが独立した後、連邦政府は独立戦争や南北戦争などで資金に困ったときに、政府発行通貨を出して切り抜けた過去がある。アメリカのエスタブリッシュメントは一切、話題にしないが、草の根保守の活動家たちは、今も政府発行通貨を出す可能性について提言している。

政府発行通貨の理屈は、そんなに難しくない。

連邦政府が財政出動する場合、収入より支出が多くなってしまうために、国債を発行して買ってもらう形でＦＲＢや民間銀行から借金をする。その結果、国家が金融界の意向を無視できなくなり、最終的には金融の支配を受けることになりかねない。この事態を免《まぬが》れるために、政府自身が発行する通貨で賄《まかな》えばいいではないかというのが、草の根保守の考え方である。通貨はそもそも「国家」の信用で発行するものだからだ。

エイブラハム・リンカーン大統領が暗殺されたのも、金融支配を逃れるために政府発行通貨を出したからではないかという謀略説がある。

南北戦争はヨーロッパの金融資本家にとって、アメリカを支配下に置く最高のチャンスであった。戦争するためには、巨額の資金を必要とする。だから、南北双方にお金を貸して借金漬けにしてアメリカを支配下に置こうという魂胆である。

ところが、リンカーンは賢明で、ヨーロッパの金融資本家からお金を借りず、政府発行通貨で戦費を賄ってしまった。というのも、北部は工業化が進んでいたため、マネーの循環もあり、北部領内で兵器を製造することもできたからだ。

一方の南部はプランテーションが主産業で、ヨーロッパの金融家からお金を借りて、武器を買うしかなかった。だから、南部が独立していたら、奴隷としてアフリカから連れて来た黒人たちを働かせ、生産した食糧や綿花を安くヨーロッパに売って利益を得る資源輸出国になり、ヨーロッパの金融資本が支配する国になっていただろう。

結果はリンカーンが指揮する北軍が勝利し、ヨーロッパの金融支配を阻《はば》むことになった。だから、彼は欧州金融資本の恨みをかい、暗殺されたのではないかという説である。

ジョン・F・ケネディ大統領についても、財政赤字を解消しようとして政府発行通貨を検討したため、金融資本に暗殺されたのではないかという謀略説がある。

政府発行通貨は、連邦政府がウォールストリートから自由になる、ある意味で本当のデモクラシーを実現するための打ち出の小槌《こづち》であるが、実際に発行する場合、大統領の暗殺には要注意である。

第五章

日本経済のゆくえ〜環太平洋共栄圏は実現するか

環太平洋共栄圏は成るか

トランプ政権は反ＴＰＰであり、この枠組みからの離脱は決定事項である。

安倍政権は、トランプがＴＰＰ離脱を打ち上げたのはブラフであり、アメリカにより有利なように再交渉に持ち込んでくると見ていたようだが、その思惑《おもわく》は完全に外れた格好になってしまった。

にもかかわらず、安倍政権は二〇一六年一一月、ＴＰＰを承認する法案と関連法案について衆議院で強行採決した。

ここまで来たら引っ込みがつかないという事情もあっただろうが、ＴＰＰにアメリカが入らないほうが好ましいという高度な判断もあったかもしれない。というのも、アメリカが加わると、巨大な保険会社や製薬資本によって日本の国民健康保険が潰される危険性があるからだ。

また、アメリカが抜けると、ＴＰＰ参加国のなかで日本がもっとも豊かな国となるから、日本を中心にベトナム、オーストラリア、ニュージーランド、シンガポールなどが連携するほうが国益になるという判断で、方針転換したのかもしれない。

当初の目論見《もくろみ》が外れたことで、案外、アメリカが抜けた後のＴＰＰは日本の貿易イニシアティブの格好の舞台になるかもしれない。そうなったら、まさに瓢箪《ひょうたん》から駒《こま》である。ただしその為には日本は諸国《これら》と再交渉しなければならない。アメリカが抜けると発効条件が満たされないからだ。

メキシコやペルーも参加しているので大東亜ではないが、気がついたら日本が戦前に構想した悲願の大東亜共栄圏の拡大リニューアル版とも言える環太平洋共栄圏が実現するかもしれない、というわけだ。しかもアメリカ抜きで。

日本について言えば、これだけ豊かな経済大国になったにもかかわらず、いまだに輸出に頼っているのはおかしなことだ。新興諸国から「もっと輸入を増やしてほしい」と求められているのだから、大国の責任として新興諸国が経済発展するために製品を買ってやらねばならないのだ。

トランプ政権はアメリカ・ファーストなので、「日本も一緒にＴＰＰから離脱せよ」と圧力をかけて来ることはないと思うが、もしアメリカのエスタブリッシュメントがそう言って来たら、それぞれの国との二国間に落とし込んで枠組みを作ればいいだけの話だ。

そして、トランプは各国と二国間FTA（自由貿易協定）で交渉をしてくるが、日本とアメリカについて言えば、すでに自由貿易に近い状態なので、これ以上交渉してもあまり実りある成果はないように思う。

私は四〇年余りにわたってアメリカの政治と経済をウォッチしてきたが、アメリカが日本に文句を言ってくるのは、輸入が増えて貿易赤字が増えるからではない。国内の不景気が続いているときに、日本だけが貿易黒字を増やしていると文句を言ってくるのだ。アメリカ国内の景気が良く、失業率が低く、生活が豊かならば、貿易収支や経常収支が赤字でも政治問題にはならないのだ。

国内循環を豊かにするために保護主義に舵を切るのだから、トランプ政権は他国が保護主義に切り替えても文句を言わないだろう。

トヨタはアメリカ国内に工場や販売店を作り、アメリカ人を雇用してアメリカ車として車を売っている。日本からの輸出もあるが、こういった企業は攻撃の対象にはならず、むしろアメリカの国内循環に貢献することになる。

トヨタの車に誤発進の問題が起きたとき、トヨタを一番弁護した一人はトランプ政権の副大統領となったマイク・ペンスであった。というのも、トヨタの工場がペンスの地元であるインディアナ州にあり、地元に多額のお金を落とすだけでなく、アメリカ人の雇用に貢献してきたからだ。

〔第三章〕で述べたように、ペンスは地元の雇用を増やすため、何度も来日してトヨタ関連の部品メーカー等の誘致活動を続けてきた。アメリカ人としては、国内の雇用を創出し、税金を払ってくれるならば、どこの企業でもいいわけだ。

トヨタにしてもホンダにしても、労働賃金の高いアメリカで生産・販売しても実はあまり儲からない。それよりも、日本で生産した車を輸出したほうが儲かるのだが、それでは貿易摩擦を引き起こすので、政治的なリスクを回避するためにアメリカで生産を続けているのである。

そもそもアメリカに一番投資している外国は日本と英国の2カ国である。日本は対米投資でアメリカで雇用を作り出しているのだ。

ドル高円安のゆくえ

トランプが大統領に当選してからニューヨークや東京などの株式市場では株価がぐんぐん上がり、円ドル相場もドル高円安が進んできた。このまま行くと、一ドル一二〇円も通過地点という勢いでドル高円安が進む勢いである。

ただし、それ以上ドルが強くなると、今度は当のアメリカが困ることになる。

前述したように、レーガノミクスではアメリカの景気が良くなり、経常収支の赤字はあるものの、世界からマネーが還流してドルが強くなりすぎてしまった。このため、一九八五年にプラザ合意が行なわれ、先進諸国の協調によってドル高が是正されたのである。

トランプノミクスも基本的にはレーガノミクスⅡであり、世界からアメリカに投資を呼び込むために、ドルが強くなることは避けられない。

その際にドルが強くなりすぎると、レーガンのときのようにアメリカの貿易収支は赤字が急拡大するが、トランプは先進諸国に協力してもらって人為的に調整するという選択は取らないだろうし、かつてのようにアメリカの都合のいいように為替レートを操作することはもはやできない。

だから、トランプは正々堂々と、関税をかけるなどの保護主義政策で貿易赤字の拡大に歯止めをかける戦略を取るわけだ。関税をかけることは、外国からの輸入品について国民に割高な値段で買ってもらうということだが、政府の税収アップにもつながる利点がある。

アメリカが関税をかければ、日本の輸出産業が打撃を受けるのではないかという懸念があるが、私はあまり大きな問題にはならないと思う。なぜなら、日米間の貿易については すでにルールが確立し、アメリカに有利な仕組みができているからだ。

たとえば、自動車の場合、アメリカの自動車を日本に輸入する場合の関税は〇パーセントだが、日本からアメリカに輸出する場合の関税は二・五パーセントとなっている。それが三パーセントに上がることはあるかもしれないが、日米の貿易ギャップを埋めるには好ましい事だ。

レーガノミクスの場合、経常収支の赤字と財政収支の赤字という双子の赤字に苦しんだが、トランプノミクスでは、経常収支の赤字を保護主義で防ぐ一方、財政収支の赤字は経済成長を引き起こすことによる税収増で解決するという考え方だ。財政赤字の絶対額が増えても、対GDP比は減っていくと私は予測しているが、それも行き詰まった場合は、政府発行通貨で切り抜ければいいと思う。

アメリカのハイテク兵器を買え

トランプの方針から言って、日本との間でも自由貿易協定ではなく、保護貿易協定の色彩が色濃くなると思われる。

アメリカの輸出品は、第一に兵器、第二に食糧、それに今後は石油・天然ガスや、携帯電話や通信機器などのハイテク製品が増えていくだろう。つまり、超ハイテクの兵器や機器と超ローテクの食糧や資源という両極端になる。

トランプ政権になって、世界で一番儲かるマーケットは、チャイナではなく、やはりアメリカだということになってくる。その結果、日本ももう一度、アメリカ市場重視に舵を切ることになるだろう。

そして、日本と東南アジア諸国の関係は順調に発展する様相を見せているので、べ

米軍が開発した最新兵器「レーザー砲」(提供：US Navy ／ AP ／アフロ)

トナムやインドネシア、フィリピンや台湾との関係はどんどん発展するだろう。日本は選択的に、親日的なこれらの国との友好関係を深めるべきである。

フィリピンのロドリゴ・ドゥテルテ大統領は当初、反米的な態度を取っていたが、トランプから麻薬撲滅の戦いをしていることを「よくやっている。立派なものだ」と誉《ほ》められてから、すっかり親米に変わったようだ。トランプもわかりやすいが、ドゥテルテもわかりやすい人間だ。

前述したように、アメリカ経済が順調である間は、日本とアメリカの貿易不均衡を解消する必要はまったくないが、これからはアメリカから石油や天然ガスを買うことになるアメリカのシェール・ガスもようやく日本に輸入され始めた。

アメリカが今もっとも日本に売りつけたいのは、ハイテク兵器である。日本にもっと防衛費を増やせと圧力をかけている真意は、アメリカからもっとハイテク兵器を買えというメッセージなのである。

というのも、アメリカで隆盛を続けている唯一の製造業は、防衛産業だからだ。この分野だけは、他国の追随を許していない。ジェット戦闘機やミサイル、航空母艦などはアメリカの最後の聖域であるから、日本はあえてそれを侵《おか》さずにアメリカに任せたらどうだろうか。

アメリカの航空産業も軍事技術の一環として、まだ力を持っている。というのも、日本が飛行機を開発することを事実上、禁じてきたからだ。太平洋戦争の後遺症もあるだろうが、トヨタやホンダが自動車を製造する技術で飛行機を作ったら、燃費がよく故障をしない飛行機を作るだろうから、アメリカは自国の製品が太刀打《たちう》ちできなくなることを危惧しているものと思われる。

だから、ボーイング社が生産していないような中小型機などについてのみ、製造する了解が得られている。

ただ、新しいそのボーイング777にしても、部品の約四割は日本製である。主翼を炭素繊維で立体的に作り上げる技術は、東レや旭化成など日本の化学メーカーの専売特許だ。また、日本航空電子工業が製造している自動航行装置など電気系統の製品も、日本製が多い。その一方で、肝心のエンジンはまだ日本で作ることができない。ホンダジェットは国産エンジンを開発しているが、三菱航空機などが開発している国産の中型旅客機ＭＲＪ（三菱リージョナルジェット）は外国からエンジンを買っている。

かつて世界一だった米自動車産業もどんどん衰退している。その現実を示すのが、前述の日米の関税格差だ。にもかかわらず、日本国内でアメリカ車を見かけることはめったにないぐらい売れていない。アメリカの自動車メーカーは、完全に日本市場での競争力を失っているのである。

国土強靱《きょうじん》化計画に投資せよ

安倍政権が打ち出したアベノミクスは金融緩和と財政出動、それに規制緩和（成長戦略）によって経済成長を引き起こす戦略である。

しかし、財政出動が中途半端なため、日銀の金融緩和でドル高円安が進み、景気が良くなったのに経済成長は止まっている。だから、もっと国内の循環を増やすような大胆な財政出動を行なうべきなのだ。

そもそも、根本的に間違っているのは、輸出の増大によって経済成長を引き起こそうとしている点だ。なぜなら、貿易政策でマクロ経済政策の代替をすることはできないからだ。

マクロ経済政策は、金融政策と財政政策を組み合わせて実施するもので、国内需要を喚起するのが王道である。それをやらずに、外国に需要を求めて輸出するというのは問題解決にはならない。何よりも、日本のような経済大国がマクロ経済政策の代替を貿易政策に求めるのは、卑怯《ひきょう》なことと言わざるをえない。

ただし、日本は資源のない国なので、外国から原材料などの資源を輸入せざるを得ないのは確かなことだ。したがって、資源を買うための資金を、製品の輸出によって捻出する必要はある。資源がない分は輸出で稼がなければいけないが、輸出で稼ぐことが自己目的になっているのが問題なのだ。

一九六〇年代、日本は自動車や家電製品などの輸出によって高度経済成長を遂《と》げたが、その成功モデルは忘れたほうがいい。経済大国となってからは、諸外国から何度も内需拡大を求められて来たが、本気で取り組もうとしなかった。これは経済大国としては恥ずかしいことで、日本人は反省したほうがいいのだ。

日本の純対外金融資産、つまり日本が外国に借りているお金と貸しているお金を相《そう》殺《さい》した額は二・九兆ドルに達し、世界最高を更新している。日本は世界一の対外金融資産の保有国なのだ。つまり、お金が余りに余っているから、外国に多額の資金を投資しているのだ。

お金が余っているのであれば、なぜ日本国内に投資しないのか。

そういう資金を国内で循環させることができれば、政府の財政赤字を増やさずに景気を良くすることができる。たとえば、高速道路を造る場合、国費を投入するのでなく、利用者に料金を払ってもらって造ればいいだけの話である。

私が提案したいのは、震災に強い国を作る列島強靭化計画である。京都大学の藤井《ふじい》聡《さとし》教授が提唱しているもので、真剣に検討する価値があると思う。

確かに、人口が三億一〇〇〇万人で移民を取り込んで人口規模が増えているアメリカと、人口一億三〇〇〇万人でこれから急速に人口が減少していく日本とでは国内の投資環境が違うが、アメリカほどでなくても、日本のように大きなマーケットで投資先がないというのはありえない。

これから高齢者が増えていくのであれば、たとえば世界一過ごしやすい高齢化社会を作るプランを打ち出せば、巨額の投資が期待できるというものだ。

高齢者が歩きやすい街づくり、高齢者が暮らしやすい福祉政策、高齢者が安心して過ごせる医療体制づくりなど、今の日本が投資すべきテーマはいくらでもある。一案として大学医学部や看護学部を増やして、高齢者のニーズに応えるための医師や看護師を増やすことも考えられよう。

元気な高齢者が増えたので七〇歳まで働く社会を目指し、働く高齢者をアシストする施設を整備する。街中の階段をエレベーターやエスカレーターに替えてもいい。

ＡＩ（人工知能）による自動運転カーの開発が進んでいるが、コミュニティバスを全国津々浦々《つつうらうら》に走らせ、買い物の不便がないようにするとか、タクシーチケットをふんだんに使えるようにするとか、やり方はいろいろあるだろう。

高齢社会対策には多額の資金がかかるが、その分だけ確実に世の中が良くなるわけだから、国内の余っているお金をどんどん投資すべきだ。そうすれば、景気は確実に良くなっていくはずなのである。

日本も政府発行通貨を考えよ

アベノミクスは、実質インフレ率二パーセントをターゲットに金融緩和や財政出動を行なって需要を喚起している。しかし、なかなか二パーセントに到達せずに、困っているのが現状だ。

なぜ実質インフレ率の目標を二パーセントに置いているかというと、最近の先進諸国の動向を解析したデータで、実質成長率三パーセントのときに実質インフレ率二パーセントの理想的な形になるというパターンが一般的に認められるからだ。

このデータを見る限りでは、実質インフレ率を二パーセント以上に上げても、実質成長率は伸びない。

こうした経験則からインフレ・ターゲットを二パーセントに置いているわけだが、日本ではうまくいっていない。

マイルドなインフレを起こす究極の手段として、トランプノミクスのところで説明したように、日本でも政府発行通貨という奥の手を使う選択肢もある。

政府発行通貨というと耳慣れないかもしれないが、中央銀行だけでなく国家も通貨発行権を保有しており、日本では、硬貨はずっと大阪市にある財務省造幣局が発行してきた。二〇〇三年からは財務省が所管する独立行政法人造幣局となったが、通貨発行権が政府にあることは変わりない。紙幣は日本銀行、硬貨は政府という役割分担があるのだ。

たとえば、現在最高額の硬貨は五百円硬貨だが、一個一億円の硬貨を作れば、一〇〇億円分の国債を償還《しょうかん》するときに一億円硬貨を百個渡せばいい。極端なことを言えば、一個一兆円の硬貨を千五百個作れば、一五〇〇兆円にも上る政府の借金を全額返すことができる。

そもそも、自国の通貨で借金しているのであれば、その国は絶対に破産しない。なぜなら、国家が通貨発行権を持っているからだ。

日本の場合、国債をすべて円建てで発行しており、日本政府は円をいくらでも発行できるから、原理的に言って破綻することはありえないのだ。

よく考えれば、簡単にわかることだが、一番肝心なことは絶対に言わないのが政府の役人というものだ。財務省は「借金がかさんで大変なことになる」と大騒ぎしているが、財務省の言うことを聞かせるための方便にすぎない。

ただし、外国からお金を借りているときは破綻することがある。アルゼンチンのように、ドルで借りていると、ドルが底をついたらデフォルト（破産）することになる。

また、自国の通貨で借金していても、経済が事実上破綻することがある。太平洋戦争時に日本政府が発行した戦時国債は敗戦後のハイパーインフレで紙切れ同然になったが、戦争に負けて財産を無くすのは仕方のないことだ。

そもそも、国債は政府にとっては借金だが、購入した人にとっては財産だから、バランスが取れている。国内を循環するお金であり、国債を購入する人はわずかな金利でも稼ぎたいから買っているわけで、悪いことではまったく無いのだ。

政府発行通貨に話を戻すと、このアイデアには抵抗がある者も多い。それなら、こういう手はどうか。

大阪学院大学の丹羽春喜《にわはるき》名誉教授の提案である。財務省が十兆円の無形財産権を日銀に売る。そして無形財産権を買った日銀は、一〇兆円を財務省の口座に振り込む。これだけで、行政府は一〇兆円の予算が手に入る。

私はこの方法をずっと提唱してきたが、政府はいまだにやろうとしない。その理由は、これまでやったことがないから、ただそれだけである。

悪《あ》しき前例主義とは、まさにこのことだ。

アメリカが良くなれば日本も良くなる

トランプ政権がスタートした二〇一七年、アメリカは隆盛を取り戻す一方、ヨーロッパは混乱の度合いを深めるだろう。

では、日本はどうか。

日本の経済は好調が続くはずだ。なぜなら、アメリカ経済が良くなれば、必ず日本経済も良くなるからだ。二〇一六年一二月初旬には、日経平均株価が一万九〇〇〇円の大台に乗せたが、いつ二万円を突破するかが楽しみだ。

同じ一二月、カジノ、国際会議場、宿泊施設など統合型リゾート（ＩＲ）の整備を推進するための基本法案、いわゆるカジノ法案が、自民党や日本維新の会の賛成で成立した。

しかし、カジノは一時的なブームにはなっても、日本が潤うビジネスになることはないと思われる。おそらく、パチンコ業界に投資されている資金の一部が、カジノに流れるだけに終わるだろう。

トランプ自身がかつてアメリカ東海岸・ニュージャージー州のアトランティックシ

ティでカジノを経営したが、倒産して痛い目に遭《あ》っている。カジノで儲かっているのは老舗《しにせ》のラスベガスやシンガポールなど限られた都市だけで、世界の各地で多くのカジノが潰れてきた。

カジノ法案は、簡単に言うと、自民党が日本維新の会を抱き込むためにサービスで通した法案である。

日本維新の会は、地元大阪の新たな看板ビジネスとしてIR（カジノ）をやりたくて仕方がない。一方の自民党は、連立与党の公明党が憲法九条の改正まで付いてきてくれるかどうかわからない状況のなかで、公明党に代わる連立パートナーとして日本維新の会を何とか抱き込みたい。だから、自民党内にも根強い反対意見があってできなかったカジノ法案を無理に通して、維新に貸しを作ったわけだ。

アベノミクスは売り物の三本の矢が掛け声倒れで、日本政府はほとんど主体的な政策を打ってこなかった。もしトランプ政権誕生を機に、防衛費倍増を実現できれば、トランプ政権との関係がうまくいくだけでなく、国内の景気を浮揚することができる。

そのための資金をどうやって調達するかについては、すでに述べたように政府発行通貨という奥の手がある。あるいは、無利子国債や、百年債や永久債の国債発行という手もある。

財務省が考えている今の枠組みでは、財政に厳しい規律が課せられる。そうではなく、新手《あらて》の手法を用いて常識的な財政規律を打ち破っていく工夫をする必要があると考えるのは私だけではないだろう。

私が二〇年ほど前から提案してきたのが、相続税ゼロの無利子国債である。相続税をゼロにすれば、無利子でも資産家たちは喜んで国債を購入するだろう。この国債によって資金を集め、新規の政策に使っていくのである。アングラマネーを表に出す最良の機会にもなる。

トランプ政権がスタートしてしばらくはドル高円安が続くため、日本の自動車産業などの輸出産業は好調が続く。アメリカに工場や販売網を持っている企業も売り上げを伸ばすにちがいない。

逆に、原料を輸入している企業は高くつくため、厳しい経営を迫られることになるだろう。

あとがき　日本は、アメリカと対等な関係になれるか

前述したシンポジウム「トランプ新政権の『新日米関係』を聞く」では、元ミシガン州選出下院議員のピーター・フークストラ（六三歳）が講演した。

フークストラは下院の情報委員会委員長などを務めた共和党の下院議員で、トランプの政権移行チームで安全保障関連のアドバイザー役を務めている。

フークストラによると、トランプ政権は大統領当選後にいち早く安倍首相と直接の会談をしたことで明らかなように、日米関係を重視している。チャイナが南シナ海で膨張政策を着々と展開していることや、核武装を進める北朝鮮の脅威をちゃんと認識しており、日本との緊密な連携を望んでいるという。

また、フークストラは「在日米軍をすぐに引き上げることはない」と、常識的な発

言をしていた。

このシンポジウムでは、自民党参議院議員の片山《かたやま》さつきさんがビデオでメッセージを発したが、このなかで、片山さんは日本政府は在日米軍に対し、多額の予算を支出し、米軍基地で働いている日本人の給料まで出していると指摘した。そして、これ以上予算を出すとアメリカ兵の給料まで出すことになり、アメリカ兵が日本の傭兵《ようへい》化してしまうと、日本政府の代弁をした。

私に言わせれば、片山さんには少し違った事を言ってほしかった。トランプ政権が日本に求めているのは、すでに述べたように、日本の国防費をGDP比二パーセントに倍増し、アメリカの防衛産業からハイテク兵器をどんどん購入することである。

日本は憲法を改正してアメリカと対等になるべきだと主張する人がいるが、厳密に言うと、アメリカと今、本当の意味で対等になれる国は世界中どこにもない。

アメリカは何と言っても世界一の経済大国であり、軍事大国でもある。その経済力、軍事力は他を圧倒している。ロシアは軍事力が強大だが、経済規模は小さい。チャイナは人口が多く、巨大なマーケットを持っているが、軍事力や技術力ではアメリカの敵ではない。

しかし、アメリカと完全な対等にはなれなくても、日本が国家として自立し、アメリカの真の同盟国になることはできる。そしてやがて対米自立する事も可能だ。

これまでは日米同盟という言葉だけで、実体がなかった。同盟というのは、ともに戦って血を流すことである。ところが、日本は憲法九条の縛《しば》りがあって戦争をしてはいけないことになっている。集団的自衛権の行使が認められたと言っても、部分的な容認である。だから、米軍とともに戦う体制ができていないのが現状だ。

トランプも、その点を指摘している。

日本がピンチのときはアメリカの兵隊が助けに行き、なかには死ぬ者もいるが、アメリカがピンチのときに日本は助けに来ない。こんなアンフェアな条約はない。日本がピンチのときにアメリカが助けに行くが、アメリカがピンチのときには日本が助けに来る。これが同盟だろうと言っているのだ。当たり前の話だ。

今の日本は、言ってみれば、アメリカの保護国である。だから、自衛隊は日本の独立を守るためではなく、在日米軍の補助部隊として使われているのだ。経済交渉でもすべてアメリカに押し切られるのは、日本が国防をアメリカに依存しているからだ。

そういう情けない状況を改めるためには、日本が国家として自立するしかない。

それは、憲法九条を改正して集団的自衛権をフルに行使できるようにすることであり、アメリカがピンチのときに助けに行ける「普通の国」になるということである。

これが日米対等という事である。

トランプがアメリカの大統領になった今こそ、チャンスだ。将来、日本がアメリカと対等な国になるために、このチャンスを逃してはならない。

本書の内容は、筆者が月二回発行している会員制国際情報誌「ケンブリッジ・フォーキャスト・レポート」の記事を情報源としています。このレポートに興味のある方は、以下にお問合せください。

Eメール：gemki.fujii7@gmail.com
ファックス：０３—６７４０—６５０２（必ず「０３」をつけてダイヤルしてください）

また、最新情報については、インターネット（主にYouTube）上で発信を続けていますので、こちらをご覧ください。

https://www.youtube.com/user/zingrace1213
https://www.youtube.com/playlist?list=PLE09AEB972E22D31B

切りとり線

★読者のみなさまにお願い

この本をお読みになって、どんな感想をお持ちでしょうか。祥伝社のホームページから書評をお送りいただけたら、ありがたく存じます。今後の企画の参考にさせていただきます。また、次ページの原稿用紙を切り取り、左記まで郵送していただいても結構です。

お寄せいただいた書評は、ご了解のうえ新聞・雑誌などを通じて紹介させていただくこともあります。採用の場合は、特製図書カードを差しあげます。

なお、ご記入いただいたお名前、ご住所、ご連絡先等は、書評紹介の事前了解、謝礼のお届け以外の目的で利用することはありません。また、それらの情報を6カ月を越えて保管することもありません。

〒101-8701（お手紙は郵便番号だけで届きます）
祥伝社新書編集部
電話03（3265）2310
祥伝社ホームページ　http://www.shodensha.co.jp/bookreview/

★本書の購買動機（新聞名か雑誌名、あるいは○をつけてください）

＿＿＿＿新聞の広告を見て	＿＿＿＿誌の広告を見て	＿＿＿＿新聞の書評を見て	＿＿＿＿誌の書評を見て	書店で見かけて	知人のすすめで

★100字書評……日米対等——トランプで変わる日本の国防・外交・経済

名前

住所

年齢

職業

藤井厳喜　ふじい・げんき

1952年、東京都生まれ。国際政治学者。1977年、早稲田大学政治経済学部政治学科卒。同年から85年までアメリカ留学、クレアモント大学大学院政治学部（修士）を経て、ハーバード大学政治学部大学院助手、同大学国際問題研究所研究員。82年から近未来予測の「ケンブリッジ・フォーキャスト・レポート」発行。著書に『日本人が知らないアメリカの本音』（PHP 研究所）、『アングラマネー』（幻冬舎新書）、『紛争輸出国アメリカの大罪』『「国家」の逆襲』（ともに祥伝社新書）など多数。

日米対等《にちべいたいとう》

——トランプで変《か》わる日本《にほん》の国防《こくぼう》・外交《がいこう》・経済《けいざい》

藤《ふじ》井《い》厳《げん》喜《き》

2017年２月10日　初版第１刷発行

発行者……………辻 浩明

発行所……………祥伝社《しょうでんしゃ》

〒101-8701　東京都千代田区神田神保町3-3
電話　03(3265)2081(販売部)
電話　03(3265)2310(編集部)
電話　03(3265)3622(業務部)
ホームページ　http://www.shodensha.co.jp/

装丁者……………盛川和洋

印刷所……………萩原印刷

製本所……………ナショナル製本

Printed in Japan　ISBN978-4-396-11497-8　C0236

〈祥伝社新書〉
韓国、北朝鮮の真実をさぐる

313
困った隣人 韓国の急所
なぜ韓国大統領に、まともに余生を全《まっと》うした人がいないのか
井沢元彦
呉 善花

257
朝鮮学校「歴史教科書」を読む
門外不出の教科書を入手して全訳、その内容を検証する
井沢元彦
萩原 遼

271
北朝鮮 金《キム》王朝の真実
北朝鮮を取材すること40年の大宅賞作家が描く、金一族の血の相克
作家
萩原 遼

282
韓国が漢字を復活できない理由
韓国の漢字熟語の大半は日本製。なぜ、そこまで日本を隠すのか？
作家
豊田有恒

302
本当は怖《こわ》い韓国の歴史
韓流歴史ドラマからは決してわからない、悲惨な歴史の真実
作家
豊田有恒

〈祥伝社新書〉
中国・中国人のことをもっと知ろう

〈祥伝社新書〉
話題のベストセラー

445
紛争輸出国アメリカの大罪
「迷走する巨人」——アメリカ外交の失敗史
国際政治学者
藤井厳喜

474
「国家」の逆襲 グローバリズム終焉に向かう世界
「国境なき世界」という幻想の崩壊！ いま、歴史はナショナリズムの時代へ
藤井厳喜

351
英国人記者が見た 連合国戦勝史観の虚妄
信じていた「日本＝戦争犯罪国家」論は、いかにして一変したか？
ジャーナリスト
ヘンリー・S・ストークス

481
アメリカ側から見た 東京裁判史観の虚妄
日本も、ルーズヴェルトも嵌められた！
評論家
江崎道朗

440
日韓 悲劇の深層
「史上最悪の関係」を、どう読み解くか
評論家
西尾幹二
拓殖大学国際学部教授
呉 善花